D1995471
Gesch 4
HAR

Kampf und Widerstand

18,- € / 7500
Stadtbibliothek
L
- Salzgitter -
gelöscht
Stadtbibliothek Salzgitter
006185386000
28. Juli 2020

Peter Claus Hartmann

Kampf und Widerstand

Münchner Katholiken gegen Hitler 1922–1945

SCHNELL + STEINER

Bibliografische Information der Deutschen Nationalbibliothek
Die Deutsche Nationalbibliothek verzeichnet diese Publikation in der Deutschen Nationalbibliografie; detaillierte bibliografische Daten sind im Internet über http://dnb.dnb.de abrufbar.

1. Auflage 2019
© 2019 Verlag Schnell & Steiner GmbH,
Leibnizstraße 13, 93055 Regensburg
Layout: typegerecht, Berlin
Umschlaggestaltung: Anna Braungart, Tübingen
Druck: Erhardi Druck GmbH, Regensburg
ISBN 978-3-7954-3405-2

Alle Rechte vorbehalten. Ohne ausdrückliche Genehmigung des Verlags ist es nicht gestattet, dieses Buch oder Teile daraus auf fototechnischem oder elektronischem Weg zu vervielfältigen.

Weitere Informationen zum Verlagsprogramm erhalten Sie unter:
www.schnell-und-steiner.de

Inhalt

Grußwort

»Ihr seid das Salz der Erde. (…) Ihr seid das Licht der Welt.« Diese Bildworte Jesu aus der Bergpredigt im Matthäusevangelium haben in der ersten Hälfte des zwanzigsten Jahrhunderts geradezu ihre Perversion erfahren. Anstelle von Licht breitete sich der Nationalsozialismus als anfänglich kleiner dunkler, »braunen« Fleck aus und wurde zu einer Finsternis, die sich über Deutschland, Europa, ja große Teile der Welt legte. Musste sich die NSDAP bei den Reichstagswahlen 1928 noch mit mageren 2,6 Prozent der Stimmen begnügen, gelang es ihr bei den Wahlen im Jahr 1933 mit einem Ergebnis von 43,9 Prozent und mithilfe des sogenannten Ermächtigungsgesetzes die vollkommene Macht zu übernehmen. Die Folge war bekanntlich eine Finsternis von Krieg, Hass, Terror, Angst, Verfolgung und Vernichtung anstelle von Licht. Der Geschmack von Blut, Tod und Verwesung anstelle des Geschmacks des Salzes.

Und dennoch tauchen in dieser düsteren Epoche der Menschheitsgeschichte auch Lichter auf, die wie Sterne am dunklen Nachthimmel leuchten. Menschen, die nicht zu Mittätern, Mitläufern werden wollten. Menschen, die nicht schweigen wollten und konnten, sondern ihre Stimme gegen das Terrorregime des Nationalsozialismus erhoben haben, obwohl ihnen bewusst war, damit ihr Leben zu riskieren.

Gerade in München, der »Hauptstadt der Bewegung«, gab es auch eine beträchtliche Anzahl widerständiger Personen und Gruppen auch aus den Reihen katholischer Laien und

Kleriker. Zwar bleibt das Entsetzen, dass in einer Stadt, in der damals 80 Prozent der Bevölkerung katholisch getauft waren, eine das Evangelium pervertierende Ideologie wie der Nationalsozialismus Fuß fassen konnte. Dennoch bedarf es in einer sachlichen historischen Aufarbeitung dieser Epoche auch einer Beleuchtung des katholischen Widerstandes.

Hier leistet das vorliegende Buch von Peter Claus Hartmann einen wichtigen Beitrag. Es würdigt eine Reihe vorbildlicher katholischer Laien und Kleriker von denen viele in ihrem Werdegang offensichtlich stark durch ihre Mitgliedschaft in Katholischen Studentenverbindungen (CV und KV) geprägt waren. Mehrere von ihnen wurden hingerichtet oder kamen ins KZ, ins Zuchthaus oder Gefängnis wegen ihrer mutigen antinationalsozialistischen Haltung und Zivilcourage.

Es bleibt die Frage: War der Mut, Widerstand zu leisten umsonst? Keiner dieser Gruppen und Einzelpersonen ist es gelungen, die Macht der Nationalsozialisten zu brechen. Trotzdem: keines dieser Lebenszeugnisse war umsonst. Sie waren nicht nur »Licht der Welt« und »Salz der Erde« in einer der dunkelsten Epochen der Menschheitsgeschichte. Ihr Vorbild leuchtet bis heute. Es waren Menschen, die dazu ermutigen, sich heute wach für die Würde aller Menschen einzusetzen.

München, am 12. Oktober 2018, dem 75. Jahrestag der Ermordung des Dieners Gottes Willi Graf

† Rupert Graf zu Stolberg
Weihbischof

Vorwort

Man hört immer wieder, es habe keinen katholischen Widerstand im Dritten Reich gegeben, nur den Einzelner – eine sehr angreifbare Aussage. Hier geht es zunächst einmal um die Definition, was Widerstand war. Wenn man gewaltsamen Widerstand mit der Waffe in der Hand meint, dann widersprach dieser allerdings der christlichen Lehre, sodass die Kirchen in der Tat keinen Widerstand in diesem Sinne leisteten. Fasst man den Begriff, wie viele Zeithistoriker, jedoch weiter als passiven Widerstand mit daraus resultierender Benachteiligung, mit Gefängnis- und KZ-Aufenthalten, Tod und Hinrichtung, als heftigen Kulturkampf der katholischen Kirche und des katholischen Milieus vor und nach der Machtergreifung der Nationalsozialisten, so gab es ohne Zweifel den Widerstand zahlreicher Katholiken, von Geistlichen und Mitgliedern des weit verzweigten katholischen Milieus. Bis zur Machtergreifung 1933 hatten nämlich die katholische Kirche und ihr Milieu zu den striktesten Gegnern der Nationalsozialisten gehört, in einer Zeit, in der man Hitler noch verhindern hätte können.

Um zu sehen, dass es nach der Machtergreifung nicht nur einige wenige Katholiken im Widerstand im weiteren Sinne gegeben hat, sondern viele Priester und Ordensangehörige und zahlreiche Vertreter des katholischen Milieus, genügt es, die verschiedenen Gedenkstätten in Deutschland zu besuchen. Man findet sie etwa in Xanten, wo der im Dritten Reich hingerichteten oder infolge des KZ-Aufenthaltes umgekommenen Laien Wilhelm Frede, Heinz Belle, Nicolaus Groß und der Priester Gerhard Storm und Karl Leisner gedacht wird. Außerdem gibt es in Lübeck eine Gedenkstätte, in der an die drei enthaupteten Kapläne und den hingerichteten evangelischen Pfarrer gedacht wird. In Lübeck, das damals nur eine katholische Minderheit von 1,2 % der Bevölkerung hatte, wurden in dieser Zeit ca. 75 % des katholischen Klerus beseitigt.

Auch in Österreich, wo die Bischöfe, besonders Kardinal Innitzer, anfangs im Frühjahr 1938 nach dem Anschluss, sich in für unser heutiges Urteil erstaunlicher Weise mit dem Regime zu arrangieren versuchten, schlugen die Methoden der Nationalsozialisten ab August 1938 in harte Verfolgungsmaßnahmen um. So wurden in Österreich 15 katholische Priester hingerichtet, 742 Priester und Ordensleute eingesperrt, 110 kamen in Konzentrationslager, 1500 erhielten Predigt- und Unterrichtsverbot, 120 Kirchen und Kapellen wurden geschlossen.

In der folgenden Monographie soll als Beispiel untersucht werden, wie sich der katholische Kampf und Widerstand gegen die Nationalsozialisten von 1922 bis 1945 in München, der »Hauptstadt der Bewegung«, vollzog. Man muss sich fragen, ob München nicht gleichzeitig auch eine Hauptstadt der Gegenbewegung, ein besonderes Zentrum des katholischen Kulturkampfes war und inwieweit das katholische Milieu, die Laien, die Priester und die Kirche als Institution massiv Widerstand im weiteren Sinne geleistet haben. Angesichts ihrer großen Zahl, wird das Urteil, es habe nur einige wenige Einzelpersonen gegeben, jedenfalls stark zu differenzieren sein.

Die Analyse des Buches wird das anfangs zitierte Urteil, es habe keinen katholischen Widerstand gegeben, nur den Einzelner, kritisch hinterfragen und dem Leser angesichts des erdrückenden Materials, die Möglichkeit bieten, die oben zitierte Meinung zu revidieren oder zumindest stark zu relativieren. Es liegt vielmehr nahe, an einen harten Kulturkampf des Regimes gegen die katholische Kirche zu denken, wie dies Kardinal Faulhaber 1937 bei der Verhaftung Pater Rupert Mayers in einer Predigt beklagte: »Diese Verhaftung ist ein Zeichen, daß der Kulturkampf zur Vernichtung der katholischen Kirche in Deutschland in einen neuen Abschnitt eingetreten ist«.

Zuletzt möchte ich noch Herrn Guido Treffler vom Archiv des Erzbistums München, Herrn Dr. Heiner Kreuzer, Herrn Dr. Albrecht Weiland vom Verlag Schnell & Steiner, meiner Tochter Pia für ihre Hilfestellungen und dem Regionalbischof von München Rupert Graf zu Stolberg für sein Grußwort herzlich danken.

München
Peter Claus Hartmann

Einführung

Die bayerische Landeshauptstadt wurde im Dritten Reich, und zwar am 2. August 1935, auf Bitte des NS-Oberbürgermeisters Karl Fiehler von Adolf Hitler mit dem »Ehrentitel« der »Hauptstadt der Bewegung« bedacht. München wurde in besonderem Maße der Kultort für den Nationalsozialismus[1].

Aber schon vor 1935, so zeigt Hans Günter Hockerts, war München für die NS-Bewegung die Hauptstadt. Obwohl es auch in anderen deutschen Städten und Regionen »völkisch-antisemitische Verbände« und auch »Ressentiments, Hass und Gewalt« gab, wurde Hitlers Partei zunächst in der bayerischen Landeshauptstadt durch den »Münchener Sonderweg in der deutschen Revolution 1918/19« mit der einzigen kommunistischen Räterepublik in Deutschland, »die

1 Hans Günter **Hockerts**, Warum München? Wie Bayerns Metropole die ›Hauptstadt der Bewegung‹ wurde, in: Winfried **Nerdinger** (Hg.), München und der Nationalsozialismus. Katalog des NS-Dokumentationszentrums München, München 2015, S. 387–397; Richard **Bauer** u. a. (Hg.), München – »Hauptstadt der Bewegung«. Bayerns Metropole und der Nationalsozialismus, München 1993; Peter Claus **Hartmann**, Münchens Weg in die Gegenwart. Von Heinrich dem Löwen zur Weltstadt, Regensburg 2008, S. 238, 239.

wenn er hierdurch seinen Ehrgeiz zu befriedigen und seine politischen Ziele zu erreichen hoffte. Was kümmern einen Halbgott wie Hitler entgegenstehende klare Gesetzesbestimmungen oder gar feierlichst abgegebene ehrenwörtliche Versicherungen! Das alles gilt ja nur

Hitler (F.X. Schweyer, Politische Geheimverbände 1925, S. 115)

Wucht der gegenrevolutionären Mobilisierung« und das »scharf ausgeprägte Konfliktverhältnis zwischen Bayern und dem Reich, zwischen München und Berlin begünstigt«[2].

So begann in München der Aufstieg des Österreichers Adolf Hitler, ferner von Hermann Göring und Heinrich Himmler. Hier entstand 1919 die kleine Deutsche Arbeiterpartei, die erst durch den Beitritt des rhetorisch begabten Demagogen und Populisten Hitler in die ab 30.9.1920 in »Nationalsozialistische Deutsche Arbeiterpartei« (NSDAP) umbenannte rechtsextreme Bewegung, einen Aufschwung erlebte. Ebenso wurden hier das Parteiprogramm, die Symbole gefunden und spezifische Formen der Agitation erprobt, der »Völkische Beobachter« als Parteiorgan erworben und gegründet, ebenso die SA (Sturmabteilung) als paramilitärische Parteitruppe geschaffen, die Hitlers Agitation wirksam durch Gewalttaten unterstützen konnte[3].

Auf diese Weise gelang es Hitler, sich zu einem wichtigen Faktor der radikal-völkischen Kampfverbände emporzuschwingen, die dann im November 1923 den Hitler-Ludendorff-Putsch wagten. Schon im Juli 1921 hatte es im Parteivorstand Tendenzen gegeben, die Parteizentrale nach Berlin zu verlegen, aber Hitler setzte den Beschluss durch,

2 **Hockerts**, Warum München? (wie Anm. 1), S. 388. • 3 **Ebd.**, S. 387.

»dass Sitz der Bewegung München ist und immer bleibt«. Hockerts bemerkt dazu, hier könne man die Geburtsstunde des erst später formalisierten Titels ›Hauptstadt der Bewegung‹ sehen.

München wurde nach der Niederschlagung des Putsches von 1923 als Stadt des Ursprungs der Bewegung im Sinne eines Gründungsmythos der NSDAP, wo es 16 sogenannte »Blutzeugen« gegeben hatte, hervorgehoben. 1925 verkündete Adolf Hitler »Rom – Mekka – Moskau! Jeder der drei Orte verkörpert eine Weltanschauung«. Für ihn war München der Ort der ersten Blutopfer seiner Bewegung und er betonte, diese Stadt müsse »das Moskau unserer Bewegung werden«[4].

War aber München nicht gleichzeitig eine Hauptstadt der Gegenbewegung? Gerade in dieser mehrheitlich von Katholiken bewohnten Stadt fand man viel passiven Widerstand, vor allem der Arbeiterbewegung und des katholischen Milieus, wie von vielen Historikern betont wird. Es gab aber auch Widerstandsaktionen von Monarchisten, von einem aus der Arbeiterbewegung kommenden Georg Elser, von der christlich geprägten studentischen Widerstandsgruppe »Weiße Rose« mit evangelischen Christen, wie die Geschwister Scholl, Katholiken wie Professor Kurt Huber, Willi Graf, Christoph Probst und dem russisch-orthodoxen Alexander Schmorell und anderen. Hier gab es ferner besonders viele Friedensbewegungen, etwa die deutsche Sektion der internationalen Frauenliga für Frieden und Freiheit, die Deutsche Friedensgesellschaft des Friedens-

4 **Ebd.**, S. 392.

nobelpreisträgers Ludwig Quidde, der Friedensbund Deutscher Katholiken usw[5].

Da unter den verschiedenen Facetten der Gegnerschaft, des Kampfes und des Widerstandes gegen die Nationalsozialisten sowie der Verfolgung nach deren Machtergreifung in den Medien, in der wissenschaftlichen Literatur und den Forschungen die katholische Gegnerschaft und der katholische Widerstand weniger beachtet, sondern meist vernachlässigt und oft sogar ausgeblendet wird, soll dieses Thema, ein wichtiges Desiderat der Forschung und Geschichtsdarstellung im Folgenden analysiert werden. Diese Ergebnisse sollen die allgemein bekannten Gegnerschaften, den Widerstand und die Verfolgung der jüdischen Mitbürger, der Sozialdemokraten, Kommunisten, Monarchisten, der 1934 entstandenen »Bekennenden Kirche« innerhalb der evangelischen Kirche und anderer sinnvoll ergänzen.

Ein kirchlicher bewaffneter Widerstand, um einen gewaltsamen Umsturz zu erreichen, war den christlichen Kirchen fremd, ihn gab es nur ausnahmsweise bei Einzelnen. Anders stand es, wenn man den Widerstand, wie nicht wenige Historiker, in weiterem Sinne betrachtet, was Martin Broszat als »Resistenz« bezeichnet. Wenn man Widerstand in diesem weiteren Sinne gebraucht, fragt man sich, ob die Historiker und die Medien Recht haben, die behaupten, wie z. B. auch ein führender Referent des NS-Zentrums

5 **Ebd.**, S. 387; Rudolf **Lill** (Hg.), Hochverrat? Die »Weiße Rose« und ihr Umfeld, Portraits des Widerstands, Bd. 1, Konstanz 1999. • 6 Vgl. z. B. auch Thomas **Brechenmacher** und Harry **Oelke**, Kirchen, Konfessionen und ›Drittes Reich‹, in: **Nerdinger** (Hg.), München (wie Anm. 1), S. 506.

in München, es habe keinen katholischen Widerstand gegeben, nur den »individuellen Widerstand Einzelner«.[6]

Es ist vielmehr die Frage zu stellen, ob nicht die zahlreichen katholischen Gegner und Verfolgten, die in der folgenden Analyse behandelt werden, Beweis für eine wesentlich breitere katholische Gegnerschaft sind. Diese Personen verkörpern das katholische Milieu und die katholische Geistlichkeit in München. Dieses Milieu repräsentierte die gut 25 % der Münchener Bevölkerung, die praktizierende Katholiken waren. Wichtig ist hier, dass auch die katholische Gegnerschaft gegen den Nationalsozialismus vor der Machtergreifung herausgestellt wird, die in einer Zeit stark war, wo man Hitlers Machtergreifung noch hätte verhindern können.

Bevor wir jedoch auf die Gegnerschaft, den Kampf und den Widerstand der Katholiken von 1922 bis 1945 in München eingehen, sei ein kurzer Blick auf die Vorgeschichte geworfen.

I. Das Königreich Bayern von 1906 bis 1918

Auf dem Weg zur Parlamentarischen Monarchie

Ein zum Verständnis der späteren Analyse des katholischen Kampfes und Widerstandes gegen die Nationalsozialisten von 1922 bis 1945 wichtiges Faktum ist, dass sich das Königreich Bayern schon vor der Revolution vom 7./8. November 1918 auf dem Weg zur Umwandlung in eine Parlamentarische Monarchie befand, die sogar schon beschlossen war. Eine Parlamentarische Monarchie wie in Großbritannien, Schweden oder Dänemark ist nicht weniger demokratisch als eine parlamentarische Republik. Es gibt jedoch auch undemokratische Republiken.

Deshalb ist der von manchen Historikern betonte Gegensatz: hier Monarchie – dort Demokratie, hier Monarchist – dort Demokrat und damit verbunden eine Gleichsetzung von »Monarchist ist gleich Antidemokrat« so global keineswegs richtig und deshalb irreführend. Es müsste in jedem Fall nachgewiesen werden, dass der entsprechende Monarchist wirklich eine parlamentarische Monarchie ablehnte und zur früheren konstitutionellen Monarchie zurückkehren wollte, wenn man ihm antidemokratische Gesinnung unterstellt.

Es gab drei wichtige Schritte des Königreichs Bayern zur Umwandlung in eine parlamentarische Monarchie. Zunächst ist die von SPD und Zentrum gemeinsam durchgedrückte Wahlrechtsreform von 1906 zu nennen, die zu den fortschrittlichsten in ganz Deutschland zählte und im Gegensatz zum Dreiklassenwahlrecht in Preußen, einem modernen, vollständig demokratischen Wahlrecht schon sehr nahe kam[7].

Als zweiten Schritt kann man schon bis zu einem gewissen Grad die Ernennung Georg Freiherrn von Hertlings 1912 zum bayerischen Ministerpräsidenten bezeichnen. Nach über 50 Jahren, in denen der Monarch im Sinne der konstitutionellen Monarchie immer einen weltanschaulich liberalen »Ministerpräsidenten« gegen die katholisch-konservative Kammermehrheit ernannt hatte, wurde nun zum ersten Mal ein Vertreter des Zentrums, der sich auf die Mehrheit der Kammer stützen konnte, ernannt. Diese Ernennung Hertlings, des Repräsentanten der absoluten Zentrumsmehrheit, entsprach in der Praxis schon den Gepflogenheiten der Parlamentarischen Monarchie. Es handelte sich um eine »Zäsur in der bayerischen Geschichte«, auch wenn damals noch das konstitutionelle Prinzip betont wurde. Demnach berief der Monarch Hertling nicht als Parteimann, sondern als Person seines Vertrauens. Trotz der faktischen Einführung des parlamentarischen Prinzips, reagierte die liberale Presse auf diesen Wechsel negativ, da die Ära der weltanschaulich liberalen Ministerien zu Ende ging[8].

---

7 Dieter **Albrecht**, Von der Reichsgründung bis zum Ende des Ersten Weltkrieges (1871–1918), in: Max **Spindler**/Alois **Schmid** (Hg.), Handbuch der bayerischen Geschichte, Bd. IV 1, München ²2003, S. 406–413; Peter Claus **Hartmann**, Bayerns Weg in die Gegenwart. Vom Stammesherzogtum zum Freistaat heute, Regensburg ³2012, S. 449. • 8 **Albrecht**, Von der Reichsgründung (wie Anm. 7), S. 407–410; **Hartmann**, Bayerns Weg (wie Anm. 7), S. 453.

Als dritter Schritt wurde, angestoßen durch den Antrag Auer – Süßheim vom 18.9.1917, der wegen verschiedener Forderungen (Abschaffung des Adels, Beseitigung der Ersten Kammer, Verhältniswahlrecht, Trennung von Staat und Kirche) in dieser Form von den anderen Parteien, besonders dem Zentrum, nicht akzeptiert werden konnte, nach langem Ringen am 2. November 1918 von der Zweiten Kammer mit der Regierung ein Abkommen geschlossen.

Dieser Beschluss sah die Umwandlung des bayerischen Königreiches in eine Parlamentarische Monarchie vor, die Abschaffung der Reste des Zensus, die Einführung der Verhältniswahl auch für Frauen, eine völlige Umformung der Reichsratskammer, die Festlegung der Finanzperiode für ein Jahr, sowie die Ernennung neuer Minister, darunter zwei Sozialdemokraten[9].

Unter diesen Umständen ist vielleicht zu verstehen, warum der Führer der MSPD, Erhard Auer, sich noch bis zuletzt für die Erhaltung der Monarchie einsetzte.

Bayern im Ersten Weltkrieg (1914–1918)

Das Königreich Bayern, das wie ganz Deutschland am Krieg mit all seinen Belastungen, Schrecken und Opfern teilnahm, hatte geringen Einfluss auf die Außenpolitik und war bald der verschleierten Militärdiktatur der Obersten Heeresleitung im Reich unterworfen. Die Beteiligung Hertlings

9 **Albrecht**, Von der Reichsgründung (wie Anm. 7), S. 433–435; **Hartmann**, Bayerns Weg (wie Anm. 7), S. 459, 460.

Kurt Eisner, USPD, Bayrischer Ministerpräsident

in Zusammenarbeit mit dem Münchener Nuntius Eugenio Pacelli am Zustandekommen des Friedensappels Papst Benedikts XV. führte nicht zum Erfolg. Vielmehr wurden die Ernährungsprobleme immer drückender. Die Bevölkerung litt schwer unter der Kriegswirtschaft. 1917 spaltete sich von der SPD die revolutionäre USPD ab, die die Revolution anstrebte und angesichts der schwierigen Situation immer mehr Zulauf bekam. All das bewirkte einen zunehmenden Autoritätsverlust der Regierung und einen ausgeprägten Preußenhass, überlagert von einer gewaltigen Kriegsmüdigkeit. Da man den Eindruck hatte, dass sich die bayerische Regierung und sein Monarch nicht gegen Preußen und dessen Oberste Heeresleitung durchsetzen konnte, richtete sich die antipreußische Stimmung auch gegen das bayerische Kabinett und König Ludwig III.

Der schon 1890 einsetzende Wandel der Gesellschaftsstruktur verschärfte im Ersten Weltkrieg den Gegensatz zur herrschenden liberalen Bürokratie und zum Monarchen, welche die brennender werdenden Versorgungsprobleme nicht mehr lösen und den verlustreichen Krieg nicht beenden konnten. So war der Boden im Königreich für einen Umsturz bereitet, sodass der größte Teil der kriegsmüden Bevölkerung bei den Umsturzaktionen, die Kurt Eisner mit einer recht kleinen Minderheit durchführte, passiv blieb und nichts tat, um die Monarchie zu verteidigen[10].

10 **Albrecht**, Von der Reichsgründung (wie Anm. 7), S. 417–438; Karl **Bosl** (Hg.), Bayern im Umbruch. Die Revolution von 1918, ihre Voraussetzungen, ihr Verlauf und ihre Folgen, München, Wien 1969; **Hartmann**, Bayerns Weg (wie Anm. 7), S. 456–459, 466, 467.

II. Der Freistaat Bayern 1918–1922

Revolution und kommunistische Räterepublik

Um das Umschlagen des Pendels zur »Ordnungszelle Bayern« zu verstehen, ist auf die anders als in Berlin und im übrigen Deutschland verlaufende Revolution in Bayern zu verweisen. Während in Berlin die Macht weitgehend legitim friedlich und evolutionär auf die von Friedrich Ebert angeführte Mehrheitssozialdemokratie überging, wurde in München ein Umsturz, wie Dieter Albrecht betont, von einer kleinen Gruppe unter Führung des USPD-Politikers Kurt Eisner mit Tatkraft durchgeführt. Der Journalist und Literat, Sohn eines jüdischen Fabrikanten aus Berlin, organisierte den Staatsstreich nach einer gewaltigen Friedensdemonstration auf der Theresienwiese am 7. November 1918 in München. Während der größte Teil der 50.000 bis 80.000 Teilnehmer in geordnetem Zug, geführt vom MSPD-Vorsitzenden Erhard Auer, ohne Zwischenfälle in die Innenstadt zurückgeführt wurde, rief Eisner seine Anhänger zum Umsturz auf.

Hierauf machte sich ein kleiner, entschlossener Demonstrationszug, verstärkt durch sächsische Krupparbeiter, Soldaten und aus Kiel gekommene Matrosen, auf den Weg, besetzte eine Kaserne und ein öffentliches Gebäude nach dem anderen. Nach der Bildung eines provisorischen Soldaten-, Matrosen- und Arbeiterrates zogen, geschützt von einer bewaffneten Garde, deren Mitglieder zum Landtagsgebäude in der Prannerstraße.

Dort leitete Eisner als Vorsitzender dieses Rates dessen erste Sitzung und erklärte: »Die bayerische Revolution hat gesiegt, sie hat den alten Plunder der Wittelsbacher hinweggefegt [...]. Jetzt müssen wir zur Bildung einer Regierung fortschreiten [...]. Der, der in diesem Augenblick zu ihnen spricht, setzt Ihr Einverständnis voraus, daß er als provisorischer Ministerpräsident fungiert.«[11]

Es bleibt erstaunlich, wie es in München einer kleinen Außenseitergruppe um Eisner gelang, letztlich ohne jede Legitimation die Macht an sich zu reißen. Die völlig überraschte, hilflose königliche Regierung war zu keinen wirksamen Gegenmaßnahmen fähig und es rührte sich keine Hand, um den König zu verteidigen, der München verließ.

Auf Einladung Eisners traten Politiker der MSPD in die Regierung ein. Trotzdem erregte der Umsturz bald Kritik und Ärger. Thomas Mann schrieb schon am 8. November in sein Tagebuch: »München, wie Bayern regiert von jüdischen Literaten. Wie lange wird es sich das gefallen lassen?« Damals hieß es im MSPD-Parteiorgan »Vorwärts« zu Eisners Schritt: »Du hast in deinem Leben schon viele Böcke geschossen, aber daß du dich von deinen revolutionären Schwabinger Literaturfreunden zum Ministerpräsidenten machen ließest, das war dein allergrößter Bock«. Als die

---

11 David Clay **Large**, Hitlers München. Aufstieg und Fall der Hauptstadt der Bewegung, München 1998, S. 118–123; Heinz **Hürten**, Revolution und Zeit der Weimarer Republik, in: **Spindler/Schmid** (Hg.), Handbuch IV 1 (wie Anm. 7), S. 443–445; vgl. Franz **Schade**, Kurt Eisner und die bayerische Sozialdemokratie, Hannover 1961; zu Eisner: Bernhard **Grau**, Kurt Eisner: 1867–1919: Eine Biographie, München 2001, neueste Aufl. 2017.

MSPD für den 12. Januar 1919 Landtagswahlen durchsetzte, erhielt die USPD ganze 2,5 % in Bayern. Mit drei Abgeordneten konnte die Partei des Ministerpräsidenten nicht einmal eine Fraktion bilden[12].

Nachdem Eisner am 21.2.1919 auf dem Weg zum Landtag von einem adeligen Studenten ermordet worden war, wurde trotzdem der Landtag eröffnet. Dort verletzte ein Mitglied des Revolutionären Arbeiterrates den MSPD-Innenminister schwer und erschoss den BVP-Abgeordneten Ösel. Dadurch wurde der Landtag gesprengt und es entstand ein Chaos in München mit Generalstreik, Bewaffnung der Arbeiter und Gefangennahme von Geiseln. Obwohl das Rumpfkabinett mit dem stellvertretenden Ministerpräsidenten Johannes Hoffmann (MSPD) weiter bestand, bildete sich aus linksextremen Kräften ein Zentralrat der Bayerischen Republik, während das Kabinett Hoffmann vom Landtag in einem »Ermächtigungsgesetz« vom 18. März 1919 weitgehende Vollmachten erhielt.

Als am 7. April die Bayerische Räterepublik ausgerufen wurde, wich die Regierung Hoffmann in die ruhige Erzbischofsstadt Bamberg aus. Am 13. April rissen dann die Kommunisten die Gewalt an sich. An der Spitze des Vollzugsrates standen Max Levien, ein in Moskau geborener Vizefeldwebel, Gründer des Spartakusbundes in München, und Eugen

12 **Large**, Hitlers München (wie Anm. 11), S. 118–128, Zitate S. 124, 128; **Hartmann**, Münchens Weg (wie Anm. 1), S. 184–188; **Hürten**, Revolution (wie Anm. 11), S. 455

Leviné, ein aus Berlin gekommener, in Russland geborener Journalist und Arbeiterrat[13].

Die neuen Machthaber ließen sofort das Bürgertum entwaffnen und das Proletariat bewaffnen, stellten eine Rote Armee auf und versuchten durch Enteignungen, Verstaatlichungen und Beschlagnahmungen an Geld zu kommen und die Wirtschaftsstruktur im kommunistischen Sinne umzugestalten. Der rote Terror richtete sich u.a. auch gegen Kardinal Faulhaber und den Nuntius Pacelli[14].

Schon am 13. April 1919 erließ der Vollzugsrat folgenden Aufruf: »Die Verräter der Revolution haben den Kampf proklamiert [...] Ihr habt die Waffen! Gebraucht sie gegen die Verräter, gegen die Meuchelmörder des Volkes [...] Nieder mit den Verrätern. Nieder mit Epp, Schneppenhorst und ihren [v]erbündeten Halunken! Nieder mit der Regierung Hoffmann, der Regierung der kapitalistischen Ausbeuter! Hoch der Kommunismus! Hoch die Räterepublik! Auf zum Kampf! Die Kommunistische Partei Spartakusbund.«

Die linke MSPD-Regierung Hoffmann antwortete mit folgendem Aufruf: »Aufruf! Bayern! Landsleute! In München rast der russische Terror, entfesselt von landfremden Elementen. Diese Schmach Bayerns darf keinen Tag, keine Stunde weiter bestehen. Hierzu müssen alle Bayern helfen, ohne Unterschied der Partei, und zwar sofort [...] Mün-

13 **Hürten**, Revolution (wie Anm. 11), S. 457–464; **Hartmann**, Bayerns Weg (wie Anm. 7), S. 472–475; Georg **Köglmeier**, Die zentralen Rätegremien in Bayern 1918/1919. Legitimation – Organisation – Funktion (Schriften zur Bayerischen Landesgeschichte, Bd. 135), München 2001.
14 **Large**, Hitlers München (wie Anm. 11), S. 149–156; **Hartmann**, Bayerns Weg (wie Anm. 7), S. 472–474.

chen ruft um Hilfe! Auf! Tretet alle an! Sofort! Die Münchener Schmach muß verschwinden. Das ist bayerische Ehrenpflicht.

Bamberg, den 16. April 1919 Das Gesamtministerium«[15].

Die Kabinette Hoffmann (MSPD)

Der MSPD-Ministerpräsident Hoffmann rief preußische, württembergische und bayerische Truppen sowie Freikorps, u. a. das Freikorps Epp zu Hilfe, die unter dem Oberbefehl des preußischen Generals von Oven München einschlossen und eroberten. Während die Kommunisten noch die »Diktatur der Roten Armee« unter dem Oberbefehl des aus Norddeutschland stammenden Rudolf Egelhofer proklamierten und die Schreckensherrschaft verstärkten, wurden sie in einem blutigen Bürgerkrieg besiegt. Nun folgte auf den »roten Terror« der »weiße Terror«.

Die Erfahrungen mit der Räterepublik, besonders mit der kommunistischen, der gewalttätigen Endstufe einer Revolution, die unter Eisner ohne Blutvergießen begonnen hatte, hinterließ in weiten Kreisen der Bevölkerung, vor allem im bayerischen Bürgertum, Kleinbürgertum und großen Teilen des Bauerntums ein antikommunistisches Trauma, das wesentlich dazu beitrug, dass das Pendel nach

15 Karl Ludwig **Ay** (Hg.), Appelle einer Revolution; Dokumente aus Bayern zum Jahr 1918/19: das Ende der Monarchie; das revolutionäre Interregnum; die Rätezeit, München 1968, Anlage 76,94; **Hartmann**, Münchens Weg (wie Anm. 1), S. 191, 192.

Regierungspräsident von Oberbayern und Ministerpräsident Gustav von Kahr

rechts ausschlug. Dadurch gestaltete sich die konservative Reaktion auf die Revolution nirgends so drastisch wie in Bayern[16].

Vorher musste noch die Regierung, das heißt das Kabinett Hoffmann II, in das auch zwei BVP (Bayerische Volkspartei)- und zwei DDP (Deutsche Demokratische Partei)-Minister eintraten, nach dem blutigen Bürgerkrieg Ruhe und Ordnung wieder herstellen und die Räterepublik juristisch aufarbeiten. Um den teilweise chaotischen Zuständen nach der Räterepublik zu begegnen, gründeten die MSPD-Minister Segitz (Inneres) und Schneppenhorst (Militärische Angelegenheiten) die Einwohnerwehren. Diese wur-

16 **Hartmann**, Bayerns Weg (wie Anm. 7), S. 474, 475.

den, unter dem Befehl des Forstrates Georg Escherich bis 1920 auf 300.000 Mann aufgestockt und zunehmend von konservativ-nationalen Kräften beherrscht. Als bleibende Leistung der Regierung Hoffmann blieb vor allem die neue bayerische Verfassung vom 14. August 1919.

Es kam zu ernsten Differenzen der Koalitionspartner. Die BVP, die stärkste Partei, störte sich nämlich vor allem an der antikirchlichen Schulpolitik (Abschaffung des Religionsunterrichts als Pflichtfach) und den zentralistischen Tendenzen der MSPD. Anlass für das Ende der Koalition war dann der Kapp-Putsch in Berlin (13.–17. März 1920) und ein Ultimatum des Befehlshabers für Bayern, General Möhl, auf Drängen des Regierungspräsidenten von Oberbayern Kahr und anderer, das an Hoffmann gerichtet war und dessen Rücktritt forderte.

»Ordnungszelle Bayern« unter Kahr

Nach dem Rücktritt Hoffmanns und dem Ausscheiden der MSPD aus der Koalition wurde der Monarchist Gustav Ritter von Kahr Ministerpräsident, unterstützt vor allem von der BVP, bei der dieser als Protestant allerdings eine Außenseiterrolle spielte. Kahr schuf die »Ordnungszelle Bayern«, die in dieser Zeit zum Hort der Rechten wurde. Bei den Landtagswahlen vom 6. Juni 1920 gab es einen Rechtsruck. Die MSPD rutschte von 33 % auf 16,5 % herunter, die linksliberale DDP von 14 % auf 8,2 %. Allerdings gewann die USPD 12,8 % statt 2,5 %. Gewinner waren die konservativ-katholische BVP, die sich von 35 % auf 39,4 % verbesserte, und die weit rechts stehende Mittelpartei, die ihren Prozentsatz mit 13,6 % statt 5,8 % mehr als verdoppeln konnte[17].

Unter Ministerpräsident Kahr wurde nach diesen Wahlen das Kabinett Kahr II (1920–1921) gebildet. Bayern wurde damals zum Zentrum der Rechten in Deutschland unter dem Ministerpräsidenten und gleichzeitig Innenminister Kahr, der sich stark auf die Einwohnerwehren stützte und eng mit dem weit rechts stehenden Justizminister Christian Roth (Mittelpartei) zusammenarbeitete. Damals kamen General Erich von Ludendorff, Admiral Alfred von Tirpitz, der Freikorpsführer Ehrhardt, die geheime Terrorgruppe »Organisation Consul«, befehligt vom Freikorpsführer Manfred von Killinger, der sich im Rahmen des »weißen Terrors« 1919 besonders unrühmlich hervorgetan hatte, nach München. In dieser Atmosphäre konnten sich Hitler und seine nationalsozialistische Bewegung in der bayerischen Hauptstadt sehr gut entfalten.

Kahr trug damals Konflikte mit der Reichsregierung wegen der Entmachtung der Länder durch die Weimarer Verfassung und der von ihm boykottierten Auflösung der Einwohnerwehren aus. War das Verbot nicht mehr zu verhindern, so wurden deren Bezirksverbände unter dem Namen Vaterländische Verbände weitergeführt.

17 Vgl. **Hartmann**, Bayerns Weg (wie Anm. 7), S. 475–479; **Hürten**, Revolution (wie Anm. 11), S. 465–479; **Large**, Hitlers München (wie Anm. 11), S. 162–194; Albert **Schwarz**, Die Zeit von 1918–1933, in: Max **Spindler**, Handbuch der bayerischen Geschichte, Bd. IV, 1. Aufl., München 1974, S. 435–453; Andreas **Kraus**, Geschichte Bayerns. Von den Anfängen bis zur Gegenwart, München ³2004, S. 649–673.

Als Kahr nach dem Mord an Reichsfinanzminister Matthias Erzberger (26.8.1921) durch Offiziere der »Organisation Consul« gegen die vom Reichspräsidenten erlassenen Notverordnungen auf Konfrontationskurs ging, entzog ihm die BVP ihre Unterstützung, so dass Kahr zurücktreten musste.

Schwache Beamtenregierungen Lerchenfeld und Knilling

Es folgten die relativ schwachen, unter dem Druck der außerparlamentarischen Kräfte stehenden Beamtenregierungen der Kabinette von Lerchenfeld (29.9.1921–2.11.1922) und von Knilling (1922–1924), die wegen der zunehmenden Agitation der radikalen Rechten stark an Autorität verloren und schließlich 1923 ihr Heil in der Ernennung des bei den Rechten sehr angesehenen Ritters von Kahr am 23.9.1923 zum Generalstaatskommissar sahen. Während in diese Beamtenregierungen engagierte Katholiken wie Franz Matt und Franz Xaver Schweyer eintraten, wurde im August 1922 der deutschnationale Franz Gürtner Justizminister[18].

Damals wurde der weit rechts stehende Kampfbund, bestehend aus den Gruppierungen Reichskriegsflagge, Bund Oberland und NSDAP, zu bestimmenden politischen

18 **Hartmann**, Bayerns Weg (wie Anm. 7), S. 480–485; **Hürten**, Revolution (wie Anm. 11), S. 473–486; Wolfgang **Zorn**, Bayerns Geschichte im 20. Jahrhundert. Von der Monarchie zum Bundesland, München 1986, S. 233–279.

Kräften im Freistaat. Dabei spielte Hitlers NSDAP mit ihrer paramilitärischen SA als radikalste Kraft eine große Rolle. Dies zeigte sich am 8. und 9. November 1923 beim Hitler-Ludendorff-Putsch, den allerdings die bayerische Landespolizei niederschlug. Damals wurden bei Schießereien mit der Polizei, die vier Tote zu beklagen hatte, 15 Putschisten und ein Unbeteiligter erschossen, die später als die Märtyrer der Bewegung gefeiert wurden und im Kult der Nationalsozialisten, wie erwähnt, eine wichtige Rolle spielten[19]. Ausgehend von der knapp geschilderten Vorgeschichte wird im Folgenden der in der Geschichtsschreibung vielfach vernachlässigte katholische Kampf gegen die Nationalsozialisten bis zur Machtergreifung Hitlers und der Kampf, Widerstand und die Verfolgung von Katholiken in München nach der Machtergreifung in Bayern im März 1933 behandelt[20].

19 **Large**, Hitlers München (wie Anm. 11), S. 226–243; Harald J. **Gordon** jr., Hitlerputsch 1923. Machtkampf in Bayern 1923–1924, Frankfurt a.M. 1971; Peter Claus **Hartmann**, Der Hitlerputsch (1923) im Urteil der französischen Gesandtschafts- und Botschaftsberichte, in: Francia 5 (1977), S. 453–472. • 20 Dabei wird mein ergänzter, stark erweiterter und abgeänderter Beitrag in der ZBLG Bd. 80 (2017), S. 245–290 hier einbezogen.

III. Der katholische Kampf und Widerstand gegen den Nationalsozialismus in München (1922–1933)

Zum Forschungsstand (1922–1945)

Auf die Frage der Mitverantwortung des Volkes oder auch die Verstrickung der Kirche in das Nazi-System antwortete der prominenteste Zeitzeuge, Papst Benedikt XVI.: »Wir haben das anders erlebt, muss ich sagen. Jetzt wird es so hingestellt, als ob die ganze Kirche ein Instrument der Nazis gewesen wäre. Wir haben sie wirklich als bedrängt – ich will nicht sagen verfolgt – und als Ort des Widerstandes erlebt.« Jeder habe noch gewusst, »dass die Kirche die einzige Kraft war, die standgehalten hatte. Sicher gab's keinen großen aktiven Widerstand oder revolutionäre Dinge. Aber es war ganz klar, dass die Nazis nach dem Krieg die katholische Kirche als Erstes ausschalten würden ... Der Gedanke, dass die Kirche irgendwie mitbeteiligt sei, ist uns nie gekommen. Das ist erst später so aufgebaut worden«[21].

Ganz in diesem Sinne, hat es auch der spätere Münchener Weihbischof Johannes Neuhäusler, der es hautnah

21 **Benedikt XVI.** Letzte Gespräche mit Peter Seewald, München 2016, S. 96.

erlebt hatte und vier Jahre im KZ Dachau gewesen war, in seinem wichtigen Buch »Kreuz und Hakenkreuz. Der Kampf des Nationalsozialismus gegen die katholische Kirche und den kirchlichen Widerstand« beschrieben[22]. Ebenfalls noch Zeitzeuge ist der Kirchenrechtler Georg May, der ein engagiertes, dickes Werk mit dem Titel »Kirchenkampf oder Katholikenverfolgung?« 1991 veröffentlichte[23]. Wahre Fundgruben für die Geschichte verfolgter, verhafteter, in KZs gesperrter und umgekommener Priester sind auch die Werke von Helmut Moll und Ulrich von Hehl[24].

Immerhin sind neben den vielen hundert in Gefängnissen und KZs umgekommenen katholischen Geistlichen 28 Priester aus deutschen Diözesen vom Regime hingerichtet worden, 28 katholische Bonhoeffers[25]. Es waren allein in der kleinen Diözese Passau fünf Priester[26] und in der fast rein evangelischen Hansestadt Lübeck wurden drei

---

22 München 1946; ferner in dem Buch: »Saat des Bösen. Kirchenkampf im Dritten Reich«, München 1964. • 23 Georg **May**, Kirchenkampf oder Katholikenverfolgung? Ein Beitrag zu dem gegenseitigen Verhältnis von Nationalsozialismus und christlichen Bekenntnissen, Stein am Rhein 1991. • 24 Helmut **Moll** (Hg.), Zeugen für Christus. Das deutsche Martyrologium des 20. Jahrhunderts, Paderborn u. a. 1999, 2 Bde.; Ulrich **von Hehl** (Bearb.), Priester unter Hitlers Terror. Eine biographische und statistische Erhebung. (Veröffentlichungen der Kommission für Zeitgeschichte, Reihe A: Quellen, 37), 2 Bde., Mainz ^{3}1996; für das Erzbistum München und Freising Bd. I. • 25 Peter Claus **Hartmann**, Hinrichtungen katholischer Geistlicher deutscher Diözesen im Dritten Reich, in: Anna **Egler**/Wilhelm **Rees** (Hg.), Dienst an Glaube und Recht. FS für Georg May zum 80. Geburtstag. (Kanonistische Studien und Texte, Bd. 52), Berlin 2006, S. 19–29. • 26 Ulrich **Kretzinger**, Geistliche aus der Diözese Passau in Terror und Verfolgung 1933–1945, in: **OG** (Ostbaierische Grenzmarken) **27** (1985), S. 197–212; Peter Claus **Hartmann**, Das Bistum Passau im 19. und 20. Jahrhundert, in: **OG 31** (1989), S. 155–167, hier S. 163.

Kapläne, d. h. 75 % des dortigen katholischen Klerus enthauptet[27].

War das nun katholischer Kulturkampf, Verfolgung und Widerstand der katholischen Kirche? Darüber wird viel diskutiert. In letzter Zeit wird die Kirche sogar von Politologen, Journalisten und manchen Historikern in die Nähe des Nazi-Regimes gerückt und ihr eine Mitschuld am Holocaust zugewiesen. Am meisten Aufsehen hat in diesem Zusammenhang das von Historikern wegen dessen nicht genügender Dokumentation heftig kritisierte Buch des Politologen und Historikers Daniel J. Goldhagen erregt, nach dessen Auffassung die katholische Kirche »am Tod von Millionen unschuldiger Menschen mitgewirkt« habe[28].

Während Martin Broszat als »Widerstand« nur den bewaffneten Kampf gegen das NS-Regime, alles andere und auch den passiven Widerstand als »Resistenz« bezeichnet, fassen die Historiker Klaus Gotto, Hans Günter Hockerts, Konrad Repgen und Heinz Hürten den Begriff »Widerstand« wesentlich weiter. Spricht Broszat von der »Resistenz einer mächtigen traditionellen katholischen Struktur«[29], so gab es für die oben erwähnten Zeithistoriker eindeutig einen Widerstand der katholischen Kirche gegen das NS-Regime. Ein bewaffneter Widerstand hätte allerdings der Lehre der Kirche und des

---

27 **Moll**, Zeugen (wie Anm. 24), S. 249–257; Gedenkstätte in Lübeck. Neben den drei katholischen Priestern wurde auch ein evangelischer Pfarrer hingerichtet. • 28 Daniel Jonah **Goldhagen**, Die katholische Kirche und der Holocaust, Darmstadt 2002, S. 251. • 29 Martin **Broszat**, Resistenz und Widerstand. Eine Zwischenbilanz des Forschungsprojekts, in: Martin **Broszat** u. a. (Hg.), Bayern in der NS-Zeit, Bd. 4, München und Wien 1981, S. 698 f., 702 f.

Christentums widersprochen[30]. Man kann jedoch, wie Kardinal Faulhaber es 1937 tut, von »Kulturkampf zur Vernichtung der katholischen Kirche in Deutschland« sprechen[31].

Walter Ziegler erwähnt in seinem profunden, zusammenfassenden Handbuchbeitrag den »Kirchlichen Widerstand« der katholischen Kirche und betont: »Die christlichen Kirchen, in besonderem Maß die katholische, in geringerem Maß auch die evangelische, stellten, nachdem die Parteien und die Gewerkschaften zerschlagen und die Verbände gleichgeschaltet waren, die einzigen Großgruppen dar, die auf Dauer ihre Selbstständigkeit im Regime erhalten konnten«[32]. Auch Winfried Becker spricht vom Widerstand des Politischen Katholizismus[33].

Wenn sich der folgende Beitrag mit der in den Medien, der wissenschaftlichen Literatur und den Forschungen weniger beachteten katholischen Gegnerschaft und dem Widerstand von Kirche, katholischem Milieu und katho-

30 Klaus **Gotto** – Hans Günter **Hockerts** – Konrad **Repgen**, Nationalsozialistische Herausforderung und kirchliche Antwort. Eine Bilanz, in: Klaus **Gotto**/Konrad **Repgen** (Hg.), Katholiken und das Dritte Reich, Mainz [3]1990, S. 173 ff.; Heinz **Hürten**, Widerstand und Zeugnis: Ein Nachwort, in: **Gotto/Repgen** (Hg.), Katholiken, S. 191. • 31 Vgl. Roman **Bleistein**, Rupert Mayer. Der verstummte Prophet, Frankfurt a. M. 1993, S. 263–276; Otto **Gritschneder**, Ich predige weiter. Pater Rupert Mayer und das Dritte Reich. Eine Dokumentation, Rosenheim [2]1987, S. 80 (Zitat). • 32 Walter **Ziegler**, Bayern im NS-Staat. 1933 bis 1945, in: Max **Spindler**/Alois **Schmid** (Hg.), Handbuch der bayerischen Geschichte, Bd. IV 1 (wie Anm. 7) , München [2]2003, S. 499–634; siehe auch Walter **Ziegler**, Widerstand in Bayern ... ein Überblick, in: Hermann **Rumschöttel** und Walter **Ziegler** (Hg.), Franz Sperr und der Widerstand gegen den Nationalsozialismus in Bayern (ZBLG Beiheft 20), München 2001, S. 7–24. • 33 Winfried **Becker**, Politischer Katholizismus und Widerstand, in: Peter **Steinbach** und Johannes **Tuchel** (Hg.), Widerstand gegen den Nationalsozialismus, Berlin 1994, S. 235–245.

lischen Politikern oder dem katholischen Kulturkampf gegen die Nationalsozialisten, der durchaus manche Parallele zum Kulturkampf gegen Otto von Bismarck aufwies, beschäftigt, so soll er die besser erforschten und allgemein bekannten Gegnerschaften, den Widerstand und die Verfolgung von jüdischen Mitbürgern, Sozialdemokraten, Kommunisten, Monarchisten, Mitgliedern der Bekennenden Kirche[34] und anderen sinnvoll ergänzen.

Im Folgenden soll Widerstand im weiteren, umfassenderen Sinne verwendet und Gegnerschaft gegen den Nationalsozialismus sowie Verfolgung, Misshandlung, Benachteiligung und Unterdrückung mitberücksichtigt werden. Konkret wird hier zu analysieren sein, inwieweit die Stadt München, wo die NSDAP entstanden und die von Hitler 1935 zur »Hauptstadt der Bewegung« ernannt worden ist, auch ein besonderes Zentrum der Gegenbewegung war, ein bedeutender Mittelpunkt des katholischen Kampfes und Widerstandes gegen die Nationalsozialisten.

Katholische Gegnerschaft zu den Nationalsozialisten bis 1924

Die Revolution von 1918, die mit der einzigen kommunistischen Räterepublik in Deutschland und einem blutigen Bürgerkrieg beendet wurde, hinterließ bei einem großen

34 Vgl. den Katalog: **München und der Nationalsozialismus**. Katalog des NS-Dokumentationszentrums München, hg. v. Winfried **Nerdinger**, München 2015.

Teil des Bürgertums und Bauerntums ein Trauma. So schlug das Pendel nach rechts um und in weiten Teilen der Bevölkerung[35] war Gustav Ritter von Kahr mit seiner Ordnungszelle Bayern populär. Er wurde von der katholischen BVP unterstützt. Ob der Protestant Kahr allerdings Mitglied der Partei war, ist umstritten. Jedenfalls hatte er in der BVP keine starke Position, sondern bei den Einwohnerwehren, später den Vaterländischen Verbänden und anderen außerparlamentarischen Kräften[36].

In der Zeit der Ordnungszelle Bayern war die Abgrenzung der katholischen Bayerischen Volkspartei (BVP) von der NSDAP, die eine wichtige Rolle beim »Deutschen Kampfbund«, einer Vereinigung von drei aggressiv-national-völkischen Verbänden (NSDAP, Reichskriegsflagge, Bund Oberland) spielte, zum Teil noch nicht ausgeprägt, sodass damals die Gegner der NSDAP vor allem bei der Linken zu finden waren. Trotzdem gab es bald aufgrund der Weltanschauung der NSDAP engagierte Gegner auch auf streng katholischer Seite. Die französischen Diplomaten, vor allem der Geschäftsträger Jean-F.A. Pozzi von der französischen Gesandtschaft in München, waren hier aufmerksame, kritische und neutrale Beobachter[37]. Aus ihrer Sicht war Kardinal Faulhaber die zentrale Figur, die sich wiederholt gegen die neue Bewegung aussprach. Ganz all-

35 Heinz **Hürten**, Revolution (wie Anm. 11), S. 462, 463; Peter Claus **Hartmann**, Bayerns Weg (wie Anm. 7), S. 474, 475. • 36 Andreas **Kraus**, Geschichte Bayerns (wie Anm. 17), S. 664, 668 – 674, 688 – 699; **Hartmann**, Bayerns Weg (wie Anm. 7), S. 478 – 480, 483 – 485. • 37 Vgl. **Hartmann**, Der Hitlerputsch (wie Anm. 19), S. 453 – 472; über Pozzi siehe ebd., Anm. 3. •

gemein wird von den französischen Diplomaten die Gegnerschaft Faulhabers und der BVP gegen Hitler und Ludendorff in zahlreichen Berichten betont[38]. Sie geht auch z. B. aus einem Brief von Heinrich Held an den Kardinal vom 6. Oktober 1923 besonders hervor[39].

Noch am 8. November 1923 telegrafierte Pozzi z. B. mittags an Premierminister Poincaré, Faulhaber habe auf die Bitte des Reichskanzlers Stresemann einen Appell an die Bayern gerichtet und den Bürgerkrieg verurteilt[40]. Der Geschäftsträger bemerkte dazu: »Diese Botschaft hat in nationalistischen Kreisen einen starken Unwillen hervorgerufen«[41]. Pozzi berichtete ferner später von einer Unterredung mit Staatsrat Schmelzle, der »damaligen grauen Eminenz in Bayern«[42] am Morgen des 9. November. Dieser streng katholische Politiker, Mitglied der Münchener Verbindung Ottonia im KV (Kartellverband katholischer Studentenvereine), sei ein strikter Gegner des nationalistischen Staatsstreichs gewesen und habe mit nicht geheuchelter Emotion versichert: »Ludendorff wird

38 Vgl. zahlreiche Berichte: **Archives du Ministère des Affaires Etrangères** (abgekürzt A.E.) Europe 1918–1929, All. doss. 358, 359. • 39 Vgl. Ludwig **Volk**, Akten Kardinal Michael von Faulhabers 1917–1945, Bd. 1. (Veröffentlichungen der Kommission für Zeitgeschichte, Reihe A: Quellen, Bd. 17), Mainz 1975, S. 314. • 40 Er bezieht sich hier auf den am 7. und 8. XI. in der Presse veröffentlichten Brief Faulhabers an Stresemann; vgl. **Volk**, Akten (wie Anm. 39), Nr. 146, S. 318ff. • 41 **A.E.** Europe 1918–1929 (wie Anm. 38), All. doss. 298, fol. 95: Pozzi an Poincaré, München, 8.XI.1923, Telegr. • 42 Vgl. dazu Franz **Menges**, Hans Schmelzle, Bayerischer Staatsrat im Ministerium des Äußeren und Finanzminister. Eine politische Biographie mit Quellenanhang, München 1972 (ZBLG, Beiheft 1, Reihe B), bes. S. 176.

Dr. Franz Xaver Schweyer – bayrische Innenminister (1921–1924)

niemals Bayern regieren«. Pozzi hielt dies für typisch für »die Gefühle der katholischen Kreise gegen Ludendorff und die preußische protestantische Idee«[43].

Ein noch schärferer Gegner Hitlers und des Nationalsozialismus war der bayerische Innenminister Franz Xaver Schweyer (1921–1924). Der hochbegabte schwäbische Bauernbub, ein engagiertes Mitglied der katholischen Verbindung Aenania im CV (Cartellverband katholischer Studentenverbindungen) und später von 1925 bis 1928 Philistersenior (Vorsitzender des Altherrenverbands) der CV-Verbindung Rheno-Franconia, der zuerst Theologie,

43 **A.E. Europe** 1918–1929 (wie Anm. 38), All. doss. 361, fol. 119ff.: Pozzi an Poincaré, München, 12.III.1924: »... Jamais Ludendorff ne régnera en Bavière ...«

aber dann Staatsökonomie und Jura studierte und in beiden Fächern promovierte, bestand 1897 als Jahrgangsbester von 287 Kandidaten das Staatsexamen und durchlief eine steile Beamtenkarriere.

Schweyer war von Anfang an antinationalsozialistisch eingestellt und wollte schon im März 1922 Hitler aus Bayern ausweisen, konnte sich jedoch nicht gegen den deutschnationalen Justizminister im Kabinett durchsetzen. Der Innenminister verurteilte im Dezember 1922 öffentlich Hitlers »Selbstbewußtsein bis zum Größenwahn«. Einerseits übergoss Hitler beim Parteitag 1923 seinen Hassgegner Schweyer mit Spott und Hohn, andererseits geißelte dieser im bayerischen Landtag den von der NSDAP »gepredigten und betätigten, verhetzenden extremen Rassen-Antisemitismus«, der in seiner Art »mit den Grundsätzen der christlichen Moral in unvereinbarem Widerspruche« stehe. Ein Strafantrag Schweyers vom 1. Mai 1923 gegen Hitler wegen Landfriedensbruchs wurde vom deutschnationalen Justizminister Gürtner und von Ministerpräsident von Knilling hintertrieben[44].

Als am 8. November 1923 im Bürgerbräukeller abends eine Veranstaltung der nationalen Verbände und der BVP stattfand und schwer bewaffnete SA-Leute den Saal stürm-

44 Peter Christoph **Düren**, Minister und Märtyrer. Der bayerische Innenminister Franz Xaver Schweyer (1868–1935), Augsburg 2015, bes. S. 34–78; Peter Claus **Hartmann**, Die bayerischen Innenminister Franz Schweyer und Karl Stützel und ihre Auseinandersetzungen mit dem Nationalsozialismus, in: Matthias **Stickler** (Hg.), Portraits zur Geschichte des deutschen Widerstandes. (Historische Studien der Universität Würzburg, Band 6), Rahden/Westfalen 2005, S. 41–55.

Minister Franz Matt, Philistersenior der Aenania, Gemälde von Robert Trautwein, Aenanenhaus

ten, verhafteten die Nationalsozialisten u.a. den Innenminister Schweyer und brachten ihn unter Todesdrohungen in die Villa des Schwiegervaters von Rudolf Heß, Julius Lehmann, nach Fall bei Lenggries und stellten ihn unter Hausarrest[45].

Als Schweyer später gegen Heß und die SA-Leute wegen Freiheitsberaubung klagte, wurde diese Klage von der Justiz abgewiesen, da diese Aktionen mit dem Hitlerputschur-

45 **Düren**, Schweyer (wie Anm. 44), S. 44, 45; **Hartmann**, Der Hitlerputsch (wie Anm. 19), S. 453 f.

Hitlerputsch

teil abgegolten seien. Es ist allgemein bekannt, dass die Justiz damals auf dem rechten Auge blind war und dass Linke benachteiligt wurden. Das Beispiel Schweyers zeigt aber, dass Schwarze ebenso schlecht behandelt werden konnten[46].

Während das Triumvirat (Kahr, von Lossow und Seißer) noch im Bürgerbräukeller war, also noch nicht agieren konnte, leitete sofort der stellvertretende Ministerpräsident und Kultusminister Franz Matt (BVP) Gegenmaßnahmen gegen den Putsch ein und ließ entsprechende Flugblätter gegen den Preußen Ludendorff anfertigen. Dort stand der als Reaktion auf den Hitlerputsch herausgegebene Aufruf: »Bekanntmachung. Durch einen Putsch Hitler-Ludendorff wurde die verfassungsmäßige Regierung für abgesetzt erklärt.

46 **Düren**, Schweyer (wie Anm. 44), S. 45.

Ellen Ammann
BVP-Landtagsabgeordnete

Die verfassungsmäßige Regierung besteht weiter. Sie fordert die gesamte Beamtenschaft, Polizei und das bayer. Kontingent der Reichswehr auf, ihrer verfassungsmäßigen Regierung treu zu bleiben und den Revolutionären den Dienst zu verweigern.

Wer dem entgegenhandelt, wird als Hochverräter behandelt [...] Für das verfassungsmäßige Gesamtministerium Dr. Matt«[47].

Informiert vom Putschversuch hatte sich Matt, zusammen mit Staatsrat Schmelzle und dem Polizeireferenten des Innenministeriums Joseph Zetlmeier sofort zu den Geschäftsräumen des Katholischen Frauenbundes in die

47 Lydia **Schmidt**, Kultusminister Matt (1920–1926). (Schriftenreihe zur bayerischen Landesgeschichte, Bd. 126), München 2000, S. 77.

Theresienstraße begeben, dessen Geschäftsführerin die engagiert antinationalsozialistische, betont katholische BVP-Landtagsabgeordnete Ellen Ammann war. Es kamen weitere Abgeordnete und die Minister Krausneck und Oswald hinzu. Nach gemeinsamer Beratung konnte Matt Kahr telefonisch erreichen, der ihm von den Ereignissen im Bürgerbräukeller berichtete. Matt hatte den Eindruck, »daß Kahr mit den Putschisten paktierte, sich zumindest aber nicht entschieden gegen sie stellte«, deshalb erließ Matt die oben zitierte »Bekanntmachung«[48].

Um gegen eine Machtübernahme durch die Putschisten gewappnet zu sein, begaben sich die Minister unter der Leitung von Matt nach Regensburg, »um die Regierungsgeschäfte von dort aus weiterzuführen«. Nach der Niederschlagung des Putsches fuhr das Rumpfkabinett wieder in die Landeshauptstadt zurück[49]. Lydia Schmidt betont in ihrer sehr gut dokumentierten Biographie, Matt habe am 9. November 1923 »schlagartig reichsweite Bekanntheit« erlangt, sein rasches und entschiedenes Handeln sei aber von der BVP aus Rücksicht auf Kahr heruntergespielt worden. Matt, der in der Ministerratssitzung die Meinung vertrat, »daß Herr von Kahr in seinen Wünschen der Diktatur nicht fern stehe«, forderte vergeblich dessen Rücktritt[50].

Im späteren Landtagsuntersuchungsausschuss kommentierte der SPD-Abgeordnete Wilhelm Hoegner »das entschiedene Handeln Matts zugunsten der legitimen Regierung« mit den Worten: »Matt ist unser politischer Gegner.

48 **Ebd.**, S. 76, 77. • 49 **Ebd.**, S. 78 – 80. • 50 **Ebd.**, S. 80.

Ich stehe nicht an zu erklären, daß Matt in dieser Nacht um Bayern und das Deutsche Reich sich außerordentliche Verdienste erworben hat, die spätere Zeiten besser anerkennen werden …«[51].

Das Berliner Tagblatt vom 5.8.1929 schrieb nach dem Tod von Matt, mit dessen Aufruf vom 9. November 1923 sei »das offizielle Bayern zum erstenmal vom Nationalsozialismus [...] mit aller Entschiedenheit« abgerückt und habe diesen »als das bezeichnet, was er in Bayern tatsächlich ist: eine von außen hereingeschleppte Bewegung, die dem bayerischen Wesen im Grunde durchaus fremd ist«[52]. Von großem Interesse und aufschlussreich für die strikte Gegnerschaft des profilierten katholischen Politikers Matt ist auch ein Artikel des »Völkischen Beobachters«. Das Naziblatt schrieb drei Jahre nach dem Putsch: »Dr. Matt zählt zu unseren erbittertsten Gegnern. Unvergessen wird die unheilvolle Rolle bleiben, die er in der Nacht vom 8. zum 9. November 1923 spielte, unvergessen bleiben auch seine Worte von den landfremden Elementen und dem ›Preußen‹ Ludendorff. Daraus sprach der verbissene bayerische Partikularist, der [...] auch nicht das geringste Verständnis für die treibenden Kräfte des Nationalsozialismus aufzubringen vermochte«[53].

Wie Innenminister Schweyer war auch Matt eng in den Kreis katholischer Korporationen in München eingebunden. Er wurde am 4.11.1879 Mitglied der Aenania im CV, als

51 Aus der Niederschrift der 16. Sitzung des Landtagsuntersuchungsausschusses am 19.12.1927, Bay HStA MA 103476/3, S. 1285 f. zitiert nach **ebd.**, S. 82. • 52 Zitiert nach **ebd.**, S. 82. • 53 Zitiert nach **ebd.**, S. 83.

Student dann 1887 Senior der Verbindung und Vorortspräsident des Gesamt-CV sowie von 1919 bis 1927 Philistersenior dieser ältesten und größten Münchener CV-Verbindung Aenania, die wegen des starken Nachwuchses mehrere Tochterverbindungen (Vindelicia, Rheno-Franconia, Langobardia, Trifels) gründete[54].

Zurück zum Putsch! Es gibt über die Ereignisse beim Generalstaatskommissariat aus der Nacht vom 8. zum 9. November keine Aufzeichnungen, aber noch viele offene Fragen. Deshalb sind sich die Historiker auch nicht einig, ob Kahrs Zustimmung nur geheuchelt war oder ob er zunächst der Bewegung angehangen habe und erst später nach Verlassen des Bürgerbräukellers auf die Intervention verschiedener Kräfte hin seine Anhängerschaft zurückgezogen habe. Darüber, welche Kräfte auf Kahr eingewirkt haben, ist sich die Forschung ebenfalls nicht einig. Die Franzosen sahen Kreise um Kronprinz Rupprecht, Kardinal Faulhaber und BVP-Politiker wie Matt am Werke[55].

Trotz des Scheiterns der Putschisten in der Nacht vom 8. auf 9. November marschierten diese auf Vorschlag Ludendorffs am 9.11. gegen Mittag zunächst zum Marienplatz und dann in Richtung Odeonsplatz. Sie wurden aber dort von der bayerischen Polizei gestoppt. Bei der Schießerei der bewaffneten Demonstranten mit der Polizei wurden dreizehn Putschisten, vier Polizisten und ein Unbeteiligter erschossen. Dazu kamen zwei Rebellen beim Kampf um

54 **150 Jahre K.D.St.V. Aenania**, München 2001, S. 160–168, 174–177, 308, 456. • 55 Vgl. **Hartmann**, Der Hitlerputsch (wie Anm. 19), S. 458–462.

das Wehrkreiskommando in der Ludwigsstraße um. Es ist in diesem Zusammenhang wichtig zu betonen, dass nicht die Reichswehr, sondern die bayerische Polizei den Putsch niedergeschlagen hat[56].

Diese Niederschlagung des Putsches war bei vielen, völkisch eingestellten Münchenern sehr unpopulär, Kahr und Kardinal Faulhaber wurden in diesen die Öffentlichkeit beherrschenden Kreisen zu Unpersonen. Laut Pozzi manifestierten am 10. November 1923 mehrere tausend Studenten vor dem erzbischöflichen Palais und pfiffen den Kardinal aus. »Das ist«, bemerkt dazu der französische Geschäftsträger, »eine Sache ohne Beispiel in der Geschichte Bayerns«. Pozzi berichtet außerdem, am 10., 11. und 12. November habe man in der Münchener Universität Studenten und Professoren katholischer Verbindungen und Vereinigungen, welche den Kardinal und die rechtmäßige Regierung verteidigten, geschlagen und als »Knechte Roms« sowie als »Domestiken Faulhabers beschimpft«[57].

Dementsprechend einseitig war auch der Prozess, wo die deutsch-national beherrschte Justiz im Allgemeinen Schöffen ähnlicher Grundeinstellung zur Seite hatte. Aber die Richter sahen sich von einem bedeutenden Teil der öffentlichen Meinung in ganz Deutschland unterstützt. Sogar die bedeutendste liberale Zeitung in München, die »Münche-

---

56 Peter Claus **Hartmann**, Münchens Weg (wie Anm. 1), S. 204. • 57 **A.E. Europe** 1918–1929 (wie Anm. 38), All. doss. 360, fol. 108ff., 118ff., 130ff., jeweils Berichte; vgl. **Hartmann**, Münchens Weg (wie Anm. 1), S. 205, 206; es berichtete z. B. auch die damalige Donau-Zeitung in Passau von den Prügeln, die Mitglieder katholischer Verbindungen bezogen.

ner Neuesten Nachrichten« (MNN, Vorgänger der »Süddeutschen Zeitung«, SZ) schrieb in einem Leitartikel: »Wir machen kein Hehl daraus, daß unsere menschlichen Sympathien auf seiten der Angeklagten in diesem Prozeß und nicht auf seiten der Novemberverbrecher vom Jahre 1918 stehen«[58]. Chefredakteur der Zeitung war damals in seiner calvinistisch-liberalen Lebensphase Fritz Gerlich[59]. Auch der populäre Humorist Weiß Ferdl sang damals im Hofbräuhaus unter großem Beifall: »Sagt, was haben die verbrochen? Soll es sein gar eine Schand/ Wenn aus Schmach und Not will retten/ Man sein deutsches Vaterland«.[60]

In dieser allgemeinen Stimmung, gegen die weder die Katholiken noch die Sozialdemokraten aufkommen konnten, erhielt Ludendorff Freispruch und Hitler fünf Jahre (ehrenvolle) Festungshaft mit Aussicht auf Bewährungsfrist und vorzeitige Entlassung. Was half es da, dass SPD und BVP in ihren Presseorganen das Urteil als großen Skandal anprangerten[61].

Trotzdem führte der Prozess zur Reinigung, zum Rücktritt von Knillings und von Kahrs und zur Übernahme des Ministerpräsidentenamtes durch den engagiert katholischen Politiker Heinrich Held, Mitglied des KV, Ehrenmitglied der Rheno-Franconia im CV. Die katholische BVP wurde zwar nicht die allein bestimmende politische Kraft,

---

58 Zitiert nach David Clay **Large**, Hitlers München (wie Anm. 11), S. 247.
59 Rudolf **Morsey**, Fritz Gerlich. Ein früher Gegner Hitlers und des Nationalsozialismus, Paderborn 2016, S. 81–97, 105–115. • 60 Zitiert nach **Large**, Hitlers München (wie Anm. 11), S. 247. • 61 **Hartmann**, Münchens Weg (wie Anm. 1), S. 205, 206; **Large**, Hitlers München (wie Anm. 11), S. 247–249.

Heinrich Held und Hindenburg

da sie immer auf Koalitionspartner angewiesen war, aber doch die stärkste, die zunehmend auf strikte Gegnerschaft zur NSDAP einschwenkte[62].

So sah Jean Pozzi als Quintessenz des Prozesses das Aufbrechen dieser Gegensätze. Er schreibt: »Vom Anfang der nationalsozialistischen Bewegung an habe ich durch meine Depeschen ab Herbst 1922, Eure Exzellenz auf die Feindschaft hingewiesen, die bestand zwischen den Nationalisten (alldeutsch, unitarisch, antisemitisch), gruppiert um Hitler und Ludendorff mit der Fahne Schwarz-Weiß-Rot, und der alten Partei, die Bayern regiert, Gegner des Zentralismus

62 **Hartmann**, Bayerns Weg (wie Anm. 7), S. 486, 487; **Hürten**, Revolution (wie Anm. 11), S. 487.

von Weimar […] katholisch und monarchistisch, die sich um die bayerischen Farben Weiß-Blau schart«[63].

Aus all den zitierten Quellen geht hervor, dass schon in der Frühzeit des Nationalsozialismus Kardinal Faulhaber und die engagierten Vertreter des katholischen Milieus, einschließlich der einflussreichen katholischen Verbindungen, überzeugte und strikte Gegner der Nationalsozialisten waren und diese Bewegung entsprechend bekämpften. Dieser Kampf der Katholiken wurde dann nach dem Prozess ab 1924 noch intensiver und steigerte sich zu einem erbitterten Widerstand bis zur letzten Stunde am 9. März 1933 gegen die Machtergreifung der NSDAP.

Der Hitler-Ludendorff-Putsch und der anschließende Prozess wühlten die Leidenschaften in München auf. Es kam zu nationalistischen Demonstrationen und wegen der Unruhen musste sogar die Münchener Universität geschlossen werden. Dementsprechend war auch die öffentliche Meinung zugunsten der völkischen Bewegung aufgestachelt und aufgehetzt, was sich bei den regulär stattfindenden Landtagswahlen am 6. April 1924 stark niederschlug, die wenige Tage nach der Urteilsverkündung stattfanden. Bei dieser Wahl errang der anstelle der verbotenen NSDAP angetretene Völkische Block auf Anhieb 17,1 % der Stimmen und erhielt mit 23 Mandaten ebenso viele wie die SPD (17,2 %). Die BVP rutschte von 39,4 % auf 32,9 % herunter.

63 **A.E. Europe** 1918–1929 (wie Anm. 38), All. doss. 361, fol. 130ff.; Pozzi an Poincaré, München 13.III.1924: Situation politique. La philosophie du procès; vgl. **Hartmann**, Der Hitlerputsch (wie Anm. 19), S. 471, 472; dort auch der französische Originaltext.

Austausch der Ratikiationsurkuden zum Konkordat, 24. Januar 1925

Ebenso verloren alle anderen Parteien, während die linksliberale DDP fast verschwand[64].

Unter diesen Umständen wurde die Regierungsbildung sehr schwierig, zumal die BVP die Annahme des mit dem Nuntius Pacelli ausgehandelten Konkordats als ihr politisches »Herz- und Lieblingsstück« ansah, wie der damalige Chefredakteur des »Bayerischen Kuriers«, Karl Schwend, später betonte[65].

Eine Koalition von BVP und SPD kam damals nicht in Frage, da die SPD durch USPD-Verstärkung nach links

64 **Hartmann**, Bayerns Weg (wie Anm. 7), S. 487, 488. 65 Karl **Schwend**, Bayern zwischen Monarchie und Diktatur. Beiträge zur bayerischen Frage in der Zeit von 1918 bis 1933, München 1954, S. 265.

und die BVP nach rechts gerutscht war und vor allem auch wegen der unterschiedlichen Kulturpolitik und des Konkordats. Wie die KPD und der Völkische Block war auch die SPD strikt gegen das Konkordat mit der Garantierung von Konfessionsschulen. Deshalb blieben nur die zwei konkordatsfreundlichen Parteien Bauernbund und DNVP (vorher MP) als Koalitionspartner. Diese letztgenannte rechtsnationale Partei nützte ihre Schlüsselstellung rücksichtslos aus, um trotz ihrer lediglich 13 Abgeordneten, ihre Ziele durchzudrücken. Sie bestand darauf, dass Gürtner Justizminister bleiben müsse, obwohl die BVP dessen Rücktritt forderte und erzwang sogar zusätzlich die Entlassung des in nationalistischen Kreisen wegen seiner strikt antinationalsozialistischen Haltung und angeblichen Sympathien gegenüber niedersächsischen Separatisten missliebigen BVP-Innenministers Schweyer, was von der BVP als schmähliche Kapitulation empfunden wurde. Held schluckte vor allem um des Konkordats willen dieses Diktat des kleinen Koalitionspartners[66].

So wurde Schweyer, laut SPD-Blatt »Münchener Post« der »einzige Warner innerhalb eines schwächlichen Kabinetts« am 25. Juni 1924 entlassen[67]. Er wurde in der Folgezeit Aufsichtsrat verschiedener Firmen, u.a. Aufsichtsratsvorsitzender der »Bayernwerke AG«. Der engagierte Katholik kämpfte aber gleichzeitig weiterhin »als politischer Schriftsteller gegen den ›Halbgott‹ Hitler«. In seiner 1925

66 **Hartmann**, Bayerns Weg (wie Anm. 7), S. 490; **Schwend**, Bayern (wie Anm. 65), S. 265–270; **Düren**, Schweyer (wie Anm. 44), S. 47. • 67 **Düren**, Schweyer (wie Anm. 44), S. 47–50.

veröffentlichten Schrift »Politische Geheimverbände«[68], laut Düren »geradezu der Gegenentwurf zu Hitlers ›Mein Kampf‹«, warnte Schweyer sehr klarsichtig und eindringlich vor der Gefahr des Nationalsozialismus, vor dem als »Halbgott« gefeierten Hitler und verdeutlicht »die Unvereinbarkeit des Nationalsozialismus mit dem Katholizismus«[69]. Er forderte, »die Machtmittel des Staates und vor allem des Rechts gegen jeden Verächter der Ordnung in gleicher Weise zur Anwendung zu bringen«[70].

Zwei Jahre später, im Jahr 1927, veröffentlichte Schweyer einen Artikel über den Nationalsozialismus im angesehenen Staatslexikon der Görresgesellschaft. Dort weist er klar auf die Gefährlichkeit Hitlers und seiner Bewegung hin und auf dessen »Größenwahn«. Ferner analysiert er scharfsinnig dessen demagogische Fähigkeiten und erklärt den Nationalsozialismus für unvereinbar mit dem Christentum, wenn er betont: »Das Christentum Hitlers u[nd] seiner Bewegung ist lediglich der Gegensatz zum Judentum u[nd] ohne jeden positiven Inhalt«. Die Nationalsozialisten, so referiert Düren die Schrift Schweyers, hätten die katholische Kirche und ihre Würdenträger (Faulhaber) maßlos bekämpft[71].

Für die Nationalsozialisten war Schweyer noch in den 1930er Jahren Hitlers Hassgegner. So fertigte Hitler sogar lange nach dessen Tod 1935, und zwar im Jahr 1943, eine

68 Franz **Schweyer**, Politische Geheimverbände. Blicke in die Vergangenheit und Gegenwart, Freiburg i.Br. 1925. • 69 **Düren**, Schweyer (wie Anm. 44), S. 51; **Hartmann**, Die bayerischen Innenminister (wie Anm. 44), S. 45 • 70 **Schweyer**, Politische Geheimverbände (wie Anm. 68), S. 226. • 71 **Düren**, Schweyer (wie Anm. 44), S. 54, 55.

Karikatur von Schweyer an und bezeichnete ihn noch im Februar 1942 in seinen Monologen als »nicht korrupt, aber gemein, boshaft gemein« und bei einer Rede im Jahr 1943 zum 20. Jahrestag des Hitlerputsches als »ein niederträchtiges Subjekt«[72]. Der »Völkische Beobachter« hatte am 16. Dezember 1931 den ehemaligen Innenminister als »besonders scharfen, rücksichtslosen Gegner des Nationalsozialismus« eingestuft[73].

Peter Christoph Düren betont in seinem Buch von 2015 als Fazit: »Franz Xaver Schweyer, dem aufrechten Katholiken und mutigen Politiker, ist es beinahe gelungen (hätte er sich 1922 durchsetzen können), Deutschland und Europa das größte geschichtliche Übel – Hitler mit seiner Nazidiktatur und damit den Zweiten Weltkrieg sowie den Holocaust – zu ersparen«[74].

Ähnliches könnte man fast auch für Schweyers Nachfolger Karl Stützel sagen, der Hitler 1925 auszuweisen versuchte, aber vergeblich, da Österreich es ablehnte, Hitler einreisen zu lassen. Stützel verweigerte diesem ferner permanent die deutsche Staatsbürgerschaft, so dass Hitler nicht zum Kanzler gewählt hätte werden können. Allerdings verschaffte die Landesregierung von Braunschweig Hitler schließlich 1932 durch Ernennung zum Regierungsrat die deutsche Staatsbürgerschaft, so dass das Unheil seinen Lauf nehmen konnte[75].

---

72 **Ebd.**, S. 59. • 73 **Ebd.**, S. 71 • 74 **Ebd.**, S. 77. • 75 Thomas **Fürst**, Karl Stützel. Ein Lebensweg in Umbrüchen: Vom Königlichen Beamten zum Bayerischen Innenminister der Weimarer Republik (1924–1933). (Mainzer Studien zur Neueren Geschichte, Bd. 19), Frankfurt a. M. 2007, S. 293–313.

Der Kampf des Innenministers Karl Stützel und des katholischen Milieus 1924 bis 1933

Karl Stützel, von 1924 bis 1933 bayerischer Innenminister, führte die Politik Schweyers konsequent und noch effizienter fort. Er konnte dabei mit der Unterstützung des Ministerpräsidenten Held rechnen. Wie Schweyer und Matt war Stützel Mitglied der katholischen Verbindung Aenania zu München im CV (seit 28.10.1891) und trug noch die Bänder anderer CV-Verbindungen[76].

Stützel versuchte sofort, die vorzeitige Begnadigung Hitlers zu verhindern, konnte jedoch gegen die unabhängige, rechtslastige Justiz nichts ausrichten. Als aber Hitler nach seiner vorzeitigen Entlassung am 25. Februar 1925 im Münchener Bürgerbräukeller wieder eine hasserfüllte Rede gegen die Juden, die Marxisten und die »Schwarzen« hielt und zu Gewalt aufrief, verpasste ihm der Innenminister am 9. März 1925 ein öffentliches Redeverbot für Bayern. Deshalb konnte Hitler im Freistaat bis 1927 nicht mehr in der Öffentlichkeit auftreten, so dass er sein Agitationsfeld nach Thüringen verlegen musste, wo man der neuen Bewegung offener gegenüberstand[77].

Thomas Fürst zeigt, dass Karl Stützel mit großer Konsequenz gegen die Feinde der Republik von extrem links und extrem rechts vorging[78]. Dementsprechend wurde er zum Lieblingsobjekt für Attacken links- und rechtsextremer

76 **150 Jahre Aenania** (wie Anm. 54), S. 460 – 462 • 77 **Hartmann**, Die bayerischen Innenminister (wie Anm. 44), S. 48; **Fürst**, Stützel (wie Anm. 75), S. 137ff. • 78 **Fürst**, Stützel (wie Anm. 75), S. 313 – 410.

Karl Stützel, bayerischer Innenminister (1924–1933)

Presseorgane. So erschien am 6. Juli 1929 in der kommunistischen »Neuen Zeitung« eine Karikatur mit der Unterschrift »Der bayerische Polizeiminister Stützel schützt die Faschisten«. Im Frühherbst 1929 beschwerte sich demgegenüber der »Völkische Beobachter« über die »einseitige marxistenfreundliche Handhabung der Polizeiaufsicht«[79]. Am 2. Januar 1932 stand im Naziblatt »Der Stürmer«: »Neben den roten Judenknechten sind es auch die Schwarzen, die dem Hitler und der von ihm geschaffenen Freiheitsbewegung den Garaus wünschen. Und wie der Teufel das geweihte Wasser nicht leiden kann, so hassen die Schwarzen alles, was von Hitler kommt. Sie hassen die braunen Hosen, die braunen Röcke und Mützen und die Hakenkreuzabzeichen.

79 **Ebd.**, S. 416.

Weil der Minister Stützel das Tragen der ›einheitlichen‹ Kleidung untersagte und in neuester Zeit auch das Tragen von Parteiabzeichen, haben ihn die Juden, die Roten und die Schwarzen besonders gerne«[80].

Die antinationalsozialistische Haltung der betont katholischen BVP-Politiker entsprach voll und ganz der Haltung der katholischen Kirche, des katholischen Milieus und der katholischen Presse, von denen im Rahmen dieses Buches nur Beispiele gebracht werden können. Seit 1930, als die NSDAP immer stärker wurde, war die Frage nach Hitler und dieser Partei ein beherrschendes Thema der kirchlichen Diskussion. »Dabei reagierten«, so schreibt der evangelische Kirchenhistoriker Klaus Scholder, »beide Kirchen höchst unterschiedlich. Während die katholische Kirche unverzüglich und deutlich die Unvereinbarkeit von kirchlicher Lehre und Nationalsozialismus autoritativ feststellte, begann in der evangelischen Kirche eine offene Diskussion, die an Breite und Lebhaftigkeit bald alle Themen in der Kirche überragte«[81].

Diese strikt antinationalsozialistische Haltung der katholischen Kirche in Deutschland, Bayern und München schlug sich auch voll im katholischen Milieu nieder. So galt z. B. die Zugehörigkeit zur NSDAP im CV, KV oder UV als unvereinbar mit katholischen Verbindungen. Der CV-Seelsorger Pater Schlund, Mitglied der Vindelicia in München, hat dies mehrmals öffentlich bekräftigt. In der vom Vororts-

80 **Ebd.**, S. 425. • 81 Klaus **Scholder**, Die Kirchen und das Dritte Reich, Bd. I: Vorgeschichte und Zeit der Illusionen 1918–1934, Frankfurt a. Main 1977, S. 166.

präsidenten Konrad Welte von der Aenania München geleiteten Cartellversammlung, die 1932 in München stattfand, stimmten von 126 immerhin 122 Verbindungen für diese Unvereinbarkeit. Es heißt dort: »Der CV steht als bewusst katholischer Verband wie in allen religiösen und weltanschaulichen Dingen so auch in der Frage des Nationalsozialismus auf dem Boden der Erklärungen der Bischöfe«[82].

Dies war ein mutiges Schwimmen gegen den Strom, gegen den damaligen Zeitgeist. Die Nationalsozialisten fanden nämlich damals unter den jungen Leuten und Studenten immer mehr Anhänger und Sympathisanten. Ein Asta nach dem anderen wurde vom Nationalsozialistischen Deutschen Studentenbund erobert. In einer Zeit, als sich für Studenten aufgrund der Wirtschaftskrise und der hohen Arbeitslosigkeit wenig Berufsaussichten eröffneten, hatten die Nationalsozialisten mit ihrer betörenden, eine bessere Welt versprechenden Ideologie gerade bei den Jungen große Erfolge[83]. So schätzte man das Durchschnittsalter der NSDAP-Mitglieder zwischen 1930 und 1933 auf 25 bis 26 Jahre. Dagegen waren z. B. bei der SPD im Jahre 1930 nicht einmal 8 % der Mitglieder jünger als 25[84].

82 **CV-Handbuch**, Regensburg 2000, S. 65, 66; Peter **Stitz**, Der CV 1919–1938. Der hochschulpolitische Weg des Cartellverbandes der katholischen deutschen Studentenverbindungen vom Ende des 1. Weltkrieges bis zur Vernichtung durch den Nationalsozialismus. (Der Weiße Turm, Bd. 4), München 1970, S. 97–103 • 83 Anselm **Faust**, Der Nationalsozialistische Deutsche Studentenbund. Studenten und Nationalsozialismus in der Weimarer Republik, Düsseldorf 1973, Bd. I, S. 76ff., Bd. II, S. 7ff.; **Hartmann**, Bayerns Weg (wie Anm. 7), S. 498. • 84 **Scholder**, Die Kirchen (wie Anm. 81), S. 165, 166; Hans-Ulrich **Thamer**, Verführung und Gewalt. Deutschland 1933–1945. (Die Deutschen und ihre Nation, Bd. VI), Berlin 1986, S. 178, 179.

Gegnerschaft der katholischen Presse, besonders des »Geraden Wegs« von Fritz Gerlich

Ein wichtiges Element des katholischen Kampfes und Widerstands gegen den Nationalsozialismus in München bildete ohne Zweifel auch die Zeitschrift »Der gerade Weg«, herausgegeben von dem engagierten Konvertiten Fritz Gerlich, der seinen Kampf 1934 mit dem Leben bezahlen musste. Diese Zeitschrift trug dazu bei, dass München ein besonderes Zentrum der Gegenbewegung wurde. Erfreulicherweise ist 2016 eine profunde, sehr gut dokumentierte Biographie dieses mutigen Intellektuellen und erbitterten Nazigegners Gerlich von Rudolf Morsey, einem der Altmeister der Zeitgeschichte, erschienen, auf die ich mich im Folgenden stützten werde. Bevor allerdings auf den mutigen Fritz Gerlich und seine Zeitschrift eingegangen wird, sollen wenigstens kurz noch andere katholische Zeitschriften erwähnt werden, die zeigen, welch wichtiges Zentrum ganz allgemein München für den Kampf der katholischen Presse gegen den Nationalsozialismus war

Der Franziskanerpater Erhard Schlund, Mitglied der CV-Verbindung Vindelicia, Herausgeber des »Consilium a vigilantia«, griff 1923 und ab 1931 in Artikeln und Schriften »die Religionsfeindlichkeit, den Antisemitismus und die Volksverhetzung der NSDAP« an. Ähnlich engagiert gegen die NSDAP zeigten sich die Jesuitenpatres Jakob Nötges und Friedrich Muckermann, die seit 1930 als Mitarbeiter der Münchener Jesuitenzeitschrift »Stimmen der Zeit« fungierten. Ferner bekämpften weitere »katholische Organe mit großer Ausstrahlungskraft innerhalb des Münchener und

Fritz Gerlich

bayerischen Katholizismus« von 1930 bis 1933 vehement den Nationalsozialismus und dessen Antisemitismus: der Priester Alois Wurm, Herausgeber der Monatsschrift »Seele«, der Priester Georg Moenius mit seiner Wochenzeitschrift

»Allgemeine Rundschau« und Carl Muth, der Begründer der bedeutsamen Monatsschrift »Das Hochland«, die starken Einfluss auf die Widerstandsgruppe »Die Weiße Rose« ausübte. Am aufsehenerregendsten und wirksamsten war jedoch, wie schon angedeutet, die Sonntagszeitung »Der gerade Weg« des engagierten Fritz Gerlich, der deshalb ausführlicher behandelt werden soll[85].

Geboren 1883 im pommerschen Stettin, kam Fritz Gerlich 1901 zum Studium der Naturwissenschaften und Geschichte nach München, wo er 1907 nach seiner Promotion in Geschichte in den Archivdienst eintrat und auch publizistisch tätig wurde. Politisch nahm er mit der Zeit verschiedene Richtungswechsel vor. Zunächst war er linksliberal und Vorsitzender der »Freien deutschen Studentenschaft« Friedrich Naumanns, wurde jedoch dann Anhänger alldeutscher Kriegsziele und schroffer Nationalist, während der Revolutionszeit »Verfechter der staatlichen Ordnung« und kämpfte in vorderster Front gegen Kommunismus und Bolschewismus[86].

Gerlich, der von 1920 bis 1928 Hauptschriftleiter der »Münchner Neuesten Nachrichten« (MNN) war, brachte die liberale Zeitung vom »linken zum rechten Rand der DDP«, deren Mitglied er bis 1924 war. Gleichzeitig wurde er zum Propagandisten der »Ordnungszelle Bayern« von Kahr,

85 **Morsey**, Fritz Gerlich (wie Anm. 59), S. 185–233; Matthias **Rösch**, Die Münchener NSDAP 1925–1933: eine Untersuchung zur inneren Struktur der NSDAP in der Weimarer Republik. (Studien zur Zeitgeschichte, Bd. 63), München 2002, S. 52, 53. • 86 **Morsey**, Fritz Gerlich (wie Anm. 59), S. 11–80.

setzte sich für eine Rechtsdiktatur ein und unterstützte kurzfristig die NSDAP. Nach dem Scheitern des Hitler-Ludendorff-Putsches vollzog er allerdings eine Kehrtwende, wandte sich von Hitler und der NSDAP ab und begann, die BVP-Regierung Held zu unterstützen[87].

Im Jahr 1927 veränderten sich dann sein Leben und seine Weltanschauung grundlegend und nachhaltig. Nachdem nämlich der gut katholische, monarchistisch eingestellte Journalist und Redakteur der MNN, Erwein von Aretin, am 3. August 1927 einen weltweit beachteten, in 32 Sprachen übersetzten Artikel veröffentlicht hatte über »Die Erscheinungen von Konnersreuth«[88], wollte Gerlich der Sache auf den Grund gehen. Der sehr skeptische, kritische, liberale, kirchenferne Calvinist fuhr noch im Herbst 1927 nach Konnersreuth, um die Mystikerin und stigmatisierte Seherin Therese als Betrügerin zu entlarven und der ganzen Angelegenheit ein Ende zu bereiten. Aber es kam anders. Gerlich wurde durch das Erlebte und Gesehene seelisch zutiefst erschüttert, ergriffen und überzeugter Anhänger der Therese. Er hatte sein »Damaskus«-Erlebnis und bezeichnete in einem Artikel die Ereignisse dort als »übernatürlich«. Von nun an ging der Lebensweg Gerlichs in Richtung Konversion zur katholischen Kirche[89].

Noch als Protestant veröffentlichte er Ende 1929 das Werk »Die stigmatisierte Therese Neumann von Konnersreuth« in München. Der erste Band behandelte die Lebensgeschichte und der zweite Band widmete sich der Glaub-

87 **Ebd.**, S. 81–134. • 88 **Ebd.**, S. 141. • 89 **Ebd.**, S. 142–145.

Feier der Konversion am St. Michaelstage (29. September) 1931 in Eichstätt, v. l.: P. Cosmas, Pfarrer Naber, Konnersreuth, Äbtissin von Spiegel, Prof. Wutz, Therese Neumann, Dr. Gerlich, Frau Gerlich, Fürst Waldburg-Zeil, Dr. Weitmann, P. Ingbert Naab, Prof. Lechner

würdigkeit Therese Neumanns. Morsey bemerkt dazu, die »jahrelange wissenschaftliche Auseinandersetzung mit dem ›Wunder der Stigmatisierung‹ war sein Weg zum Katholizismus«[90].

Nach langer Vorbereitung konvertierte Gerlich am 29. September 1931 und schloss sich eng an den Freundeskreis der Therese an, die auf ihn einen starken Einfluss ausübte. Auf deren Bitte hin gründete der zum Kreis gehörende Erich Fürst von Waldburg-Zeil im Herbst eine Zeitung, die zum »Zeitungsmissionswerk« ausgebaut werden sollte und

90 **Ebd.**, S. 160, 161.

bei der Gerlich mit Zustimmung der Archivverwaltung Chefredakteur wurde. Gerlich erhielt seine »neue Aufgabe durch ›Konnersreuth‹« und begann im Juli 1931, aufgefordert von Therese, seine »Kampfpublizistik« gegen Hitler und den Nationalsozialismus, die er trotz Drohungen und einem Attentatsversuch durch die Nationalsozialisten mit großem Engagement und scharfen Attacken durchhielt[91].

Aus dem ursprünglich liberalen, kirchenfernen, kritischen Journalisten Gerlich wurde nun ein überzeugter Katholik, ein glühender Anhänger der Mystikerin Therese von Konnersreuth, ein besonders kämpferischer, wortgewaltiger und polemischer Repräsentant dieser »Hauptstadt der Gegenbewegung«, der vor der Gefahr des Nationalsozialismus mit einer erstaunlichen Klarsichtigkeit und prophetischer Voraussicht warnte[92]. Die Warnungen vor der Gefährlichkeit Hitlers wurden nach der Umbenennung seiner Zeitung von »Illustrierter Sonntag« in »Der gerade Weg« am 3. Januar 1932 noch intensiviert. Er kämpfte erbittert gegen die »geistige Pest« des immer stärker werdenden Nationalsozialismus, gegen »Hetzer, Verbrecher und Geistesverwirrte« in der Führung der NSDAP[93].

Die Nationalsozialisten bezeichneten, so Morsey, den Publizisten schon ab Juli 1931 »als ihren Todfeind«. So attackierte die NSDAP-Führung am 2./3. August 1931 im »Völkischen Beobachter« in einem ganzseitigen Artikel Gerlich heftig mit der Überschrift: »Vom Alldeutschen zum Rekla-

91 **Ebd.**, S. 166–183, 185–204. • 92 Siehe all die von ihm herausgegebenen Ausgaben des »Geraden Wegs«. • 93 **Morsey**, Fritz Gerlich (wie Anm. 59), S. 205–209.

mechef von Konnersreuth. Der Fall Dr. Fritz Gerlich«. Der Artikel, der genüsslich dessen mehrfache »politische Wendemanöver« seit 1916 behandelt, nennt dessen Wochenzeitung ein »Käseblatt« und betont am Schluss, kein Mensch nähme mehr den »grenzenlos eitlen Vorkämpfer schwarzer Politik« ernst. Im Stab der NSDAP hieß es schon damals, »Gerlich werde einer der ersten sein, der im neuen Reich gehängt würde«[94].

Obwohl dieser auch die zögerliche Politik Brünings und dessen »Rechtsdiktatur« und die »Hintertreppenpolitiker« der BVP kritisierte, wurde sein Blatt von Ministerpräsident Held finanziell unterstützt, sodass Gerlich eine Sonderauflage drucken konnte, die u. a. an insgesamt 1.800 Abgeordnete des Reichstages und der Landtage sowie an 10.300 katholische Geistliche in ganz Deutschland versendet wurde[95]. Kurz vor der Reichstagswahl vom 31. Juli 1932 sah Gerlich Deutschland »am Vorabend des Bürgerkrieges«, verschärfte seine Attacken gegen die »verfassungswidrig« agierende Obrigkeit (Schleicher, Gürtner) und stellte die Wahlausgabe des »Geraden Wegs« unter das Leitwort: »Der Nationalsozialismus ist eine Pest«. Er bedeute »Feindschaft mit den benachbarten Nationen, Gewaltherrschaft im Innern, Bürgerkrieg, Völkerkrieg«. Er sprach von der Gewissenspflicht der Katholiken, sich nur für Zentrum oder BVP zu entscheiden und forderte die Bürger auf, für die »von Gott selbst gegebenen Menschenrechte« einzutreten. Gerlich bekannte damals, dass er es »täglich von

94 **Ebd.**, S. 189, 190. • 95 **Ebd.**, S. 196–201.

neuem als ein unerhörtes Glück empfinde, katholisch geworden zu sein« und er bezeichnete den Katholizismus als eine Lehre »von absoluter Folgerichtigkeit«. Denjenigen, die nicht Zentrum oder BVP wählen könnten, riet er, am »Tage des Kreuzzuges«, für SPD, die Deutsche Staatspartei oder den Christlich-Sozialen Volksdienst zu votieren[96].

Gerlichs »Der gerade Weg«, dessen manchmal überzogene Polemik auch von »Schwarzen« und von Freunden kritisiert wurde, war durchaus ein führendes Blatt katholischer Gegnerschaft gegen die NSDAP und kein abgelegenes, in Deutschland wenig beachtetes Presseorgan aus München. Die Ausgaben vor der Juli-Reichstagswahl erreichten eine Auflage von 100.000 Exemplaren, fielen dann aber wieder stark zurück[97]. Immerhin hatte der Mahnruf des wichtigsten Redaktionsmitarbeiters Gerlichs, nämlich von Pater Ingbert Naab aus dem Konnersreuther Kreis, vom 20. März 1932, der unter Hinweis auf den »Geraden Weg« in 1.000 Zeitungen nachgedruckt und in Flugblättern verbreitet wurde, eine Auflage von insgesamt 20 Millionen[98].

Scharf verurteilte Gerlich den Rassismus der NSDAP. So veröffentlichte er am 17. Juli 1932 auf der ersten Seite seines »Der gerade Weg« (GW) einen Artikel mit dem provozierenden, verunglimpfenden Titel: »Hat Hitler Mongolenblut? – Eine rassewissenschaftliche Untersuchung über den Erwecker der nordischen Seele«. Gerlich kam durch Vergleich von Fotos zu dem Ergebnis, dass Hitler ein »deutlich nicht

96 **Ebd.**, S. 223, 224. • 97 **Ebd.**, S. 244. • 98 **Ebd.**, S. 208, 209.

arisches Aussehen« habe und dass die anderen führenden NSDAP-Politiker »absolut unnordisch und ungermanisch« seien, nämlich, »rasserein mongolisch«[99].

Durch Überziehen seiner Polemik u. a. auch gegen die Regierung von Papen, machte er sich viele Feinde, sodass Reichsinnenminister von Gail auf ein Verbot der Zeitung für sechs Monate drängte. Der bayerische Innenminister Stützel konnte die Zeit auf vier Wochen verkürzen. Auf Gerlichs Beschwerde hin bestätigte das Reichsgericht in Leipzig das Verbot wegen »schwerster Beschimpfung« von zwei Reichsministern[100].

Anfang September 1932 nahm Gerlich nach Ablauf der Verbotsfrist des GW sofort seine Arbeit wieder auf, wies Zentrum und BVP darauf hin, dass Verhandlungen mit der sehr stark gewordenen NSDAP »politischer Selbstmord« sei[101]. Er kämpfte in der Folgezeit bis 9. März 1933, als Bayern gleichgeschaltet wurde, mit Todesmut gegen die aufkommende braune Flut. So schrieb er am 1. Februar 1933 nach Hitlers Machtergreifung in Berlin: »Deutschlands Leidensweg beginnt«[102]. Noch am 18. Februar 1933 beantragte Gerlich seine Aufnahme in die BVP und am 22. Februar veröffentlichte er einen ganzseitigen Aufruf: »Nein! Nein! Kein Katholik darf nationalsozialistisch wählen«[103].

99 **»Der gerade Weg«**, Nr. 29, München, den 17. Juli 1932, Titelseite mit entsprechenden Fotos von Hitler und anderen unterlegt; vgl. **Morsey**, Fritz Gerlich (wie Anm. 59), S. 221, 222. • 100 **Ebd.**, S. 224–227. • 101 **Ebd.**, S. 228, 229. • 102 **Ebd.**, S. 249. • 103 **Ebd.**, S. 251, 252.

Einfluss der strikten Gegnerschaft der katholischen Kirche auf das Wahlverhalten der praktizierenden Katholiken

Die strikte Gegnerschaft der katholischen Kirche und die entsprechende Haltung des katholischen Milieus, etwa der katholischen Elternvereinigungen, Müttervereine, die Männerseelsorge, die »Katholische Heimatmission«, der »Katholische Gesellenverein« (Kolping), der katholischen Verbindungen, der Studentenbewegung »Quickborn«, der Schülerorganisation »Bund Neudeutschland«, der Marianischen Männerkongregation u. a. sowie der katholischen Presse übten starken Einfluss auf das Wahlverhalten der praktizierenden Katholiken aus, die mehr als 50 % der katholischen Minderheit stellten. Dies galt nicht nur für München und Bayern, sondern für ganz Deutschland. Es genügt, die Ergebnisse der Reichstagswahlen im Juli 1932 und die Konfessionskarten bei Milatz[104] oder in der 103. Auflage von Putzgers Historischem Weltatlas[105] zu vergleichen, um dies überzeugend vor Augen geführt zu bekommen. Diese Karten zeigen, dass Hitler nie an die Macht gekommen wäre, wenn die Deutschen so wie die katholische Min-

104 Alfred **Milatz**, Wähler und Wahlen in der Weimarer Republik. (Schriftenreihe der Bundeszentrale für politische Bildung, Heft 66), Bonn ^{2}1968, Karte 2 und Karte 13; zum katholischen Milieu vgl. **Rösch**, Die Münchner NSDAP (wie Anm. 85), S. 51, 52. • 105 **Putzger**, Historischer Weltatlas. Hg. von Ernst **Bruckmüller** und Peter Claus **Hartmann**, 103. Auflage, Berlin 2001, S. 167: 1. Karte: Konfessionsmehrheiten in den Wahlbezirken des Deutschen Reiches 1932; 2. Karte: Parteimehrheiten in den Wahlbezirken des Deutschen Reiches im Juli 1932.

derheit (etwa ein Drittel der Bevölkerung[106]) gewählt hätten.

In Bayern war das Jahr 1932 ein Jahr mit fünf Wahlen, d.h. der Reichspräsidentenwahl (zwei Wahlgänge), den Landtagswahlen vom 24. April sowie den Reichstagswahlen vom Juli und vom November 1932. Diese Wahlen wurden zu erbitterten, weltanschaulich geprägten Volksbefragungen im Freistaat. »Mit unerhörter Schärfe prallte«, so schreibt Schwend, »die alte Partei, in der sich die bayerische Tradition verkörperte, und die neue Partei, die mit betörenden Versicherungen ein neues, alle Not der Zeit überwindendes Deutschland verhieß, in jenen von einer politischen Föhnstimmung erfüllten Frühlingswochen des Jahres 1932 aufeinander«[107].

Dementsprechend war bei den letzten bayerischen Landtagswahlen im April 1932 die BVP in den fünf mehrheitlich katholischen Regierungsbezirken die stärkste Partei geblieben. Sie errang in Oberbayern 37,3 %, in Niederbayern 40,7 %, in der Oberpfalz sogar 53,6 %, in Unter-

106 1925 waren von 62,4 Millionen Einwohnern ca. 40 Millionen oder knapp zwei Drittel protestantisch und 20,2 Millionen oder nicht ganz ein Drittel katholisch. Die beiden Hauptkonfessionen machten zusammen 96,5 % der Gesamtbevölkerung aus, die Juden 0,9 %; **Milatz**, Wähler (wie Anm. 104), S. 70. Im Jahr 1933 gab es in Deutschland 62,7 % »Evangelische«, 32,4 % Katholiken, 0,8 % Juden und 4,1 % »Andere Personen«. 1932 nahmen ca. 53 %, 1935 ca. 55 % der Katholiken an der sonntäglichen Messe teil, 20 % (kleine Kinder, Schwerkranke) waren dazu nicht verpflichtet, so dass man nur von 25 % bis 27 % Nichtteilnehmern an der Sonntagsmesse ausgehen kann, d.h. gut ein Viertel der Katholiken war nicht praktizierend. Siehe dazu die Tabellen und Schaubilder bei: Hürten, Widerstand (wie Anm. 30), S. 199 und 200. • 107 **Schwend**, Bayern (wie Anm. 65), S. 421.

franken 49,3 % und in Schwaben 36,1 %. In den drei Regierungsbezirken mit protestantischer Mehrheit erzielten andererseits die Nationalsozialisten die höchsten Stimmenanteile, und zwar in der Pfalz 42,9 %, in Oberfranken 44,2 % und in Mittelfranken 45,6 %[108].

Aufschlussreicher als diese allgemeinen Zahlen ist das Wahlergebnis jedoch, wenn man es kleinteilig nach Bezirksämtern (später Landkreisen) aufschlüsselt. So blieben die Wahlergebnisse der NSDAP in der gut katholischen Oberpfalz fast überall unter 20 % nur zweimal über 25 % Lediglich im mehrheitlich evangelischen Bezirksamt Sulzbach-Rosenberg errang die Nazipartei 50,6 % Demgegenüber erzielte die BVP, außer in Sulzbach, fast ausschließlich 50 % und sogar bis zu 68 %

Die Hochburgen der NSDAP lagen im evangelischen Mittelfranken, wo sie etwa in den Bezirksämtern Gunzenhausen 67,9 %, Ansbach 68,4 %, Uffenheim 71,3 % und Neustadt an der Aisch 74,2 % erhielten. Bayerischer Spitzenreiter war das Bezirksamt Rothenburg ob der Tauber mit 80,2 % NSDAP und 12,5 % DNVP. Der Kandidat mit der höchsten Stimmenzahl in Bayern wurde der spätere Gauleiter Julius Streicher in Nürnberg mit 51.601 Stimmen. Demgegenüber wählten, um andere Extreme zu zitieren, in den zu fast 100 % katholischen Bezirksämtern Altötting 9,7 % NSDAP und 1 % Deutschnational und Landau an der Isar 9,2 % NSDAP. Diese rechtsextreme Partei fuhr im Bezirksamt Tölz mit 33,7 % ihr bestes Ergebnis in Oberbayern ein.

108 **Zeitschrift des Bayerischen Statistischen Landesamtes** 64 (1932), S. 364.

Diese starken Unterschiede im Wahlverhalten der Konfessionen galten allerdings nur für die gut kirchlichen ländlich-kleinstädtischen Gebiete. In den großen Städten sind sie wesentlich weniger ausgeprägt. Das zeigt gut das Beispiel Münchens. Obwohl dort damals etwa 80 % der Bevölkerung katholisch getauft war, stand nach Schätzungen von Historikern nur ein Drittel davon unter dem politischen Einfluss der Kirche. Nur diese praktizierenden Katholiken wählten im Allgemeinen die katholische BVP. Das waren ca. 26,7 % der Gesamtbevölkerung[109].

Das Wahlverhalten der kirchlich ungebundenen Katholiken war demgegenüber sehr vielfältig. Die Ergebnisse der letzten wirklich freien Reichstagswahl vom November 1932, die in der Forschung meist wenig zitiert werden, sind hier aufschlussreich. In Gesamtbayern (einschließlich der Pfalz) erzielte damals die BVP mit 31,4 % die meisten Stimmen vor der NSDAP mit 30, 5 % und der SPD mit 18,4 % während die NSDAP im rechtsrheinischen Bayern nur noch weniger als 28,6 % der Stimmen gegen 32,8 % der BVP und 16,4 % der SPD erhielt.

Im Gegensatz zu den Wahlen im Juli, als die NSDAP in München ganz knapp die BVP überflügelt hatte, war sie bei der Novemberwahl nicht mehr stärkste Partei, sondern erzielte mit 24,9 % den gleichen Prozentsatz der Stimmen wie die BVP. Die SPD errang noch 20,6 %, die KPD 19,7 %, die DNVP 6,7 %, während die Liberalen mit 1,4 % von

109 **Hartmann**, Münchens Weg (wie Anm. 1), S. 218; **Ziegler**, Bayern im NS-Staat (wie Anm. 32), S. 507–510; **Rösch**, Die Münchener NSDAP (wie Anm. 85), S. 55.

der Bildfläche verschwanden. 24,9 % der Stimmen für die NSDAP lagen weit unter dem Reichsdurchschnitt[110].

Im Freistaat, wo die Regierung Held damals, geduldet von der SPD, eine Minderheitsregierung führte, war man entschlossen, gegen eine Machtergreifung der Nationalsozialisten Widerstand zu leisten, sodass die Gleichschaltung, die in Bayern als letztem Land am 9. März 1933 unter sehr gewalttätigen Umständen erzwungen wurde, besonders dramatisch war. Als Hauptstadt war München der Hauptschauplatz.

Ähnlich gewalttätig war die Gleichschaltung allerdings kurz vorher am 7. März in Stuttgart verlaufen, wo der Zentrumspolitiker und strikte Gegner des Nationalsozialismus, Eugen Bolz, Mitglied der katholischen Verbindung Guestfalia zu Tübingen im CV, Staatspräsident war. Er wurde abgesetzt, inhaftiert, später nach dem Attentat auf Hitler vom 20. Juli 1944 als Widerstandsmitglied zum Tode verurteilt und am 23. Januar 1945 mit dem Fallbeil hingerichtet[111].

Dramatische Gleichschaltung in München im März 1933

Um die Machtergreifung der NSDAP in Bayern zu verhindern, wurden verschiedene Pläne und Maßnahmen diskutiert und geplant. Am aufsehenerregendsten war das Projekt, Kronprinz Rupprecht in einer ersten Stufe zum General-

110 Angaben der **Zeitschrift des Bayerischen Statistischen Landesamtes** 65 (1933), Nr. 1, S. 91. • 111 **CV-Handbuch** (wie Anm. 82), S. 532.

staatskommissar und in einer zweiten zum König in Bayern auszurufen. Viele sahen hier den letzten Rettungsanker.

Ab 1930 hatte die Verflechtung von BVP und Monarchisten in Bayern, die vielfach ebenfalls meist engagiert katholisch waren, zugenommen. Deshalb forderten viele Politiker der BVP, an ihrer Spitze der 1929 zum Parteivorsitzenden gewählte Fritz Schäffer, die »Restaurierung des bayerischen Königshauses«[112]. Angesichts der von den Nationalsozialisten drohenden Gefahr für die Selbstständigkeit Bayerns erfuhr die Königsidee hierauf Anfang 1933 einen ungeheuren Rückhalt. Dies wurde bei der Beerdigung des Prinzen Alfons von Bayern am 13. Januar 1933 eindrucksvoll offenkundig, wo mehr als 200.000 Menschen teilnahmen. Die Trauerfeier wurde »zu einer monarchistischen Demonstration ersten Ranges«[113]. Der Königsgedanke wurde nicht nur von den stärker werdenden Monarchisten, von Schäffer, sondern auch von dem BVP-Politiker Alois Hundhammer und sogar von Sozialdemokraten wie Wilhelm Hoegner verfolgt, wobei Schäffer eine Zusammenfassung »aller demokratischen Kräfte in einer parlamentarischen Monarchie« erstrebte[114].

112 Vgl. **Fürst**, Stützel (wie Anm. 75), S. 431, 432; Falk **Wiesemann**, Die Vorgeschichte der nationalsozialistischen Machtübernahme in Bayern 1932/1933. (Beiträge zu einer historischen Strukturanalyse Bayerns im Industriezeitalter, Bd. 12), Berlin 1975, S. 220, 222; Otto **Altendorfer**, Fritz Schäffer als Politiker der Bayerischen Volkspartei 1888–1945. (Untersuchungen und Quellen zur Zeitgeschichte, Bd. 2), München 1993, S. 732–747. • 113 Otto **Altendorfer**, Schäffer (wie Anm. 112), S. 739. • 114 **Fürst**, Stützel (wie Anm. 75), S. 432; **Altendorfer**, Schäffer (wie Anm. 112), S. 742; **Schwend**, Bayern (wie Anm. 65), S. 514 ff.; Wolfgang **Zorn**, Bayerns Geschichte (wie Anm. 18), S. 350 ff.

Laut Dieter J. Weiß wollte Kronprinz Rupprecht jedoch nicht Staatspräsident oder Generalstaatskommissar werden, sondern die Verantwortung als König übernehmen. Aber die Königspläne, über deren Einzelheiten, wie Kompetenzabgrenzungen und die politischen Zielsetzungen, man sich durchaus uneinig war, scheiterten demnach letztlich an der »ängstlichen Verfassungstreue« des Ministerpräsidenten[115]. Während Fritz Schäffer für eine mutige Politik eintrat, zögerten in der Tat Ministerpräsident Heinrich Held, Innenminister Karl Stützel und der Fraktionsvorsitzende der BVP im Landtag, Prälat Georg Wohlmuth, da sie auf alle Fälle einen Verfassungsbruch vermeiden wollten, zumal da die Reichswehr auf Seiten der Reichsregierung Hitler stand. Angesichts der damaligen Machtverhältnisse, hätte die Gleichschaltung höchstwahrscheinlich nicht verhindert werden können[116].

Immerhin hatte Kriegsminister Blomberg auf Weisung Hitlers den Befehl an die Reichswehr in Bayern erlassen, »den Kronprinzen bei einer Königsproklamation lebend oder tot zu ergreifen«[117]. Obwohl die NSDAP bei den Wahlen im November 1932 Verluste einfuhr, war Deutschland aufgrund einer Sperrmajorität von NSDAP und KPD demo-

115 Dieter J. **Weiß**, Kronprinz Rupprecht von Bayern (1869–1955). Eine politische Biographie, Regensburg 2007, S. 263–272. • 116 Karl Dietrich **Bracher**, Stufen der Machtergreifung. (**Bracher/Schulz/Sauer**, Die nationalsozialistische Machtergreifung, Bd. I), Frankfurt am Main 1962, S. 69ff.; Ludwig **Volk**, Bayern im NS-Staat 1933 bis 1945, in: Max **Spindler** (Hg.), Handbuch der Bayerischen Geschichte, Bd. IV (wie Anm. 7), München 1979, S. 519; **Ziegler**, Bayern im NS-Staat (wie Anm. 32), S. 515, 516. • 117 **Weiß**, Kronprinz (wie Anm. 115), S. 270.

kratisch nicht mehr regierbar. Demgegenüber blieb in Bayern die Regierung Held, gestützt bzw. toleriert von der Mehrheit des Landtages, ein stabiler Faktor[118].

Für die bayerische Regierung wurde die Situation immer schwieriger, da durch ein unwürdiges Intrigenspiel am 30. Januar 1933 der Reichspräsident Paul von Hindenburg Adolf Hitler zum Reichskanzler ernannt hatte. Um seiner Koalition eine Parlamentsmehrheit zu verschaffen, erreichte Hitler, dass für den 5. März schon wieder Neuwahlen für den Reichstag ausgeschrieben wurden. Allerdings diente der von den Nazis inszenierte Reichstagsbrand zum Erlass von Notverordnungen, besonders der »Verordnung zum Schutz von Volk und Staat« (28.2.1933), welche die Diktatur der Nationalsozialisten errichteten und auch schon die Freiheit der Wahlen vom 5. März 1933 einschränkten[119].

In dieser Situation avancierte Bayerns Innenminister Karl Stützel in den Augen vieler zum politischen Hoffnungsträger, der konsequent als Garant der staatlichen Ordnung gegen links wie rechts wirkte[120]. Wilhelm Hoegner schreibt z. B., dass »nach Ernennung Hitlers zum Reichskanzler Bayern nur dank der Energie des Innenministers Dr. Stützel zunächst von der Gleichschaltung verschont blieb«[121]. In

118 Albert **Schwarz**, Die Zeit von 1918 bis 1933, in: Max **Spindler** (Hg.), Handbuch, Bd. IV, (wie Anm. 17), S. 454 ff.; Ortwin **Domröse**, Der NS-Staat in Bayern von der Machtergreifung bis zum Röhm-Putsch. (MBM, H. 47), München 1974, S. 31. • 119 **Bracher**, Stufen (wie Anm. 116), S. 78 ff., 91 ff., 119 ff. • 120 **Fürst**, Stützel (wie Anm. 75), S. 439, 440. • 121 Wilhelm **Hoegner**, Der schwierige Außenseiter. Erinnerungen eines Abgeordneten, Emigranten und Ministerpräsidenten, München 1959, S. 137.

der Tat sahen viele den Freistaat Bayern noch als sicheren Ort an, auf dem viele Hoffnungen ruhten. So zogen im Februar 1933 fast der ganze Parteivorstand der deutschen SPD und viele hohe Funktionäre dieser Partei von Berlin nach München und man führte schon Gespräche, um den Sitz der Reichs-SPD dauerhaft in die bayerische Hauptstadt zu verlegen[122].

Außerdem begaben sich Intellektuelle und vor allem jüdische Mitbürger von der deutschen Hauptstadt nach München, so auch der Chefredakteur der »Vossischen Zeitung« oder Funktionäre des »Centralvereins deutscher Staatsbürger jüdischen Glaubens«, der sein Archiv nach München verlegte und beachtliche Geldmittel dorthin transferierte, in der Hoffnung, dass sie dort vor einem Umsturz gesichert« seien[123]. Damit setzten Bevölkerungsgruppen auf Bayern und die Sicherheitspolitik Stützels, die früher der katholisch-konservativen BVP recht kritisch gegenübergestanden waren[124].

---

122 **Fürst**, Stützel (wie Anm. 75), S. 440; Heike **Bretschneider**, Der Widerstand gegen den Nationalsozialismus in München 1933–1945. (MBM, H. 4), München 1968, S. 91; Hartmut **Mehringer**, Die bayerische Sozialdemokratie bis zum Ende des NS-Regimes. Vorgeschichte, Verfolgung, Widerstand, in: Hartmut **Mehringer** u. a., Bayern in der NS-Zeit, hg. von Martin Broszat (wie Anm. 29), Band 5, Die Parteien KPD, SPD, BVP in Verfolgung und Widerstand, München 1983, S. 338. • 123 Peter **Hanke**, Zur Geschichte der Juden in München zwischen 1933 und 1945. (MBM, H. 3). München 1967, S. 79; Werner J. **Cahnmann**, Die Juden in München 1918–1943, in: Hans **Lamm** (Hg.), Vergangene Tage. Jüdische Kultur in München, München u. a. 1982, S. 50. • 124 **Fürst**, Stützel (wie Anm. 75), S. 441; Karl **Schwend**, Die Bayerische Volkspartei, in: Erich **Matthias** und Rudolf **Morsey** (Hg.), Das Ende der Parteien, Düsseldorf 1960, S. 458.

Innenminister Stützel und die Regierung Held waren in der Tat fest entschlossen, gegen eine Machtübernahme sowie einen Staatsstreich der NSDAP und der gewalttätigen SA-Horden heftigen Widerstand zu leisten. Der Innenminister setzte die bayerische Polizei in Alarmbereitschaft und rechnete gegebenenfalls mit Verstärkung durch die Bayernwacht, einer Wehrorganisation der BVP, deren zweiten Landesvorsitz der Parteichef Fritz Schäffer übernahm. Man hoffte, das »enorme Potenzial der katholischen Gesellen-, Burschen-, Bauern- und Arbeitervereine« mobilisieren zu können. Immerhin hatte die Bayernwacht um die Jahreswende 1932/33 mehr als 30.000 Mitglieder[125]. Um die Einsatzmöglichkeiten der Bayernwacht zu erörtern, fanden im Februar und Anfang März 1933 mehrere Besprechungen zwischen Stützel und Schäffer statt[126].

Nach dem für Hitler günstigen Wahlergebnis vom 5. März 1933, als seine Koalition im Reichstag die absolute Mehrheit errang, wurde die Situation in Bayern immer schwieriger und gefährlicher. Am 6. März wurden Sachsen und Hessen, am 7. März Baden und Württemberg gleichgeschaltet. Es blieb nur noch Bayern, das nun von den Nationalsozialisten stark unter Druck gesetzt wurde. So forderte der NS-Gauleiter für München und Oberbayern Adolf Wagner im »Völkischen Beobachter« den Rücktritt Innenminister

125 **Fürst**, Stützel (wie Anm. 75), S. 441, 442; **Wiesemann**, Vorgeschichte (wie Anm. 112), S. 198, 200ff., 201; Evi **Kleinöder**, Verfolgung und Widerstand der Katholischen Jugendvereine. Eine Fallstudie über Eichstätt, in: Martin **Broszat**, Elke **Fröhlich**, Falk **Wiesemann** (Hg.), Bayern in der NS-Zeit, Bd. 2, München 1979, S. 187. • 126 **Altendorfer**, Schäffer (wie Anm. 112), S. 750.

Stützels, ferner den des Polizeipräsidenten von München, Julius Koch, und des Münchener BVP-Oberbürgermeisters Karl Scharnagl. Am 7. März begaben sich Wagner und der SA-Führer Ernst Röhm nach Berlin, um dort »die letzten Einzelheiten der Gleichschaltung Bayerns« zu besprechen. Gleichzeitig ließ Hitler die bayerische Regierung zur Täuschung wissen, dass man nicht gegen Bayern einschreiten werde.

Da aber Stützel Nachrichten über die Berliner Pläne erreichten, ergriff er unverzüglich Gegenmaßnahmen. Er informierte sofort Schäffer und den Landesvorsitzenden der Bayernwacht, um diese für den 9. März in ganz Bayern mobil zu machen und er versetzte die bayerische Polizei in Alarm- und Einsatzbereitschaft für den 9. März, um eine gewaltsame Revolte der SA zu verhindern[127]. Ob Stützel der Polizei einen Schießbefehl gab, wie die Nationalsozialisten behaupteten, ist in der Forschung umstritten[128].

Am 9. März gegen Mittag kam es dann zur schweren Konfrontation. Man gedachte, die bayerische Regierung von unten durch Gewalttaten der SA und von oben durch die Reichsregierung, die nach dem Grundsatz »Reichsrecht bricht Landesrecht« am längeren Hebel saß, da sie den Oberbefehl über die Reichswehr hatte, in die Zange zu nehmen. Zu diesem Zweck erschienen gegen Mittag der Gauleiter von München-Oberbayern, Adolf Wagner, und der Stabschef der SA, Ernst Röhm, bei Ministerpräsident

127 **Fürst**, Stützel (wie Anm. 75), S. 444, 445; **Domröse**, NS-Staat (wie Anm. 118), S. 65; **Schwend**, Bayern (wie Anm. 65), S. 535. • 128 **Fürst**, Stützel (wie Anm. 75), S. 447–449.

NS-Reichstagsabgeordneter General Franz von Epp

Held und stellten ihm das Ultimatum, den nationalsozialistischen Reichstagsabgeordneten Franz von Epp sofort als Generalstaatskommissar einzusetzen. Im Falle einer Weigerung werde die Reichsregierung nach Ablauf einer dreistündigen Frist Epp zum Reichskommissar für Bayern ernennen[129].

Überzeugt, im Recht zu sein und durch Einsatz der Landespolizei die SA-Horden dominieren zu können, lehnte der

129 **Schwend**, Bayern (wie Anm. 65), S. 536; **Zorn**, Bayerns Geschichte (wie Anm. 18), S. 358; **Wiesemann**, Vorgeschichte (wie Anm. 112), S. 277; **Fürst**, Stützel (wie Anm. 75), S. 446; Gerhard **Hetzer**, Archivalische Quellen zu Franz Sperr, in: Hermann **Rumschöttel**, Walter **Ziegler** (Hg.), Franz Sperr und der Widerstand gegen den Nationalsozialismus in Bayern. (ZBLG, Beiheft 20), München 2001 (wie Anm. 32), S. 175–221, bes. Dokumentenanhang, S. 186ff., hier S. 209–214.

Gauleiter Adolf Wagner, München

sofort einberufene Ministerrat das Ansinnen der Reichsregierung Hitler ab. Stützel versuchte sogleich, die Landespolizei aufmarschieren zu lassen, um eine Besetzung des Landtags, des bayerischen Außen- und Innenministeriums zu verhindern. Er gab die Anweisung, die Rebellen zurückzudrängen. Obwohl die SPD-Politiker großes Vertrauen in Stützel setzten, war dieser, wie Fürst aufzeigt, durch die Haltung der Reichswehr gehemmt. Von Berlin kam sogar die Order, die Reichswehr müsse im Falle eines Konflikts auf die Seite der NSDAP treten. Für Bayern rächte sich jetzt, dass die Weimarer Verfassung dem Land die Hoheit über die bayerische Reichswehr zu Friedenszeiten weggenommen hatte[130].

130 **Fürst**, Stützel (wie Anm. 75), S. 451.

So konnten die Nationalsozialisten, wenig behindert durch die Polizei, im Verlauf des Tages und in der Nacht vom 9. zum 10. März in München Revolution à la SA betreiben, zumal da die Reichsregierung abends dem General Epp die vollziehende Gewalt in Bayern übertrug. Dieser betraute sofort den Gauleiter Wagner kommissarisch mit den Polizeibefugnissen des bayerischen Innenministeriums und setzte Heinrich Himmler an die Spitze der Münchener Polizei. Stützel war durch die Reichsregierung entmachtet worden[131].

Der SPD-Abgeordnete Hoegner, der Stützel einen mutigen Mann nennt, der an sich gewillt gewesen war, die bayerische Polizei »gegen die bewaffnet aufmarschierende SA und SS aufmarschieren zu lassen«, berichtet ausführlich und entsetzt von den revolutionären Ereignissen, die er mit der Spartakistenherrschaft im April 1919 vergleicht. Er schreibt u. a.: »Hernach traf eine Hiobsbotschaft nach der anderen ein: Am Rathaus war die Hakenkreuzflagge gehißt worden. Der Landtag war von den Nationalsozialisten besetzt ... Als ich in die Herzogspitalstraße kam, sah ich, wie die SA vor der Redaktion der hitlerfeindlichen, katholischen Zeitung Dr. Gerlichs, ›Der Gerade Weg‹, Bündel von Zeitungen auf Lastwagen lud.«[132]

Fritz Gerlich, dem es damals an den Kragen ging, hatte es abgelehnt, noch in die Schweiz zu flüchten und erklärte:

---

131 **Schwend**, Bayern (wie Anm. 65), S. 536ff.; **Zorn**, Bayerns Geschichte (wie Anm. 18), S. 358, 359; **Wiesemann**, Vorgeschichte (wie Anm. 112), S. 277. • 132 Wilhelm **Hoegner**, Die verratene Republik. Geschichte der deutschen Gegenrevolution, München 1958, S. 352; **Hoegner**, Der schwierige Außenseiter (wie Anm. 121), S. 85, 86.

»Ich bin bereit, für das, was ich geschrieben habe mit meinem Leben einzustehen. Ich werde den Schreibtisch nicht verlassen«. Gegen 19.15 Uhr wurden sein Verlagshaus an diesem 9. März 1933 von 50 Braunhemden gestürmt und alles verwüstet, Gerlich misshandelt, niedergeschlagen, ins Polizeipräsidium gebracht und in Schutzhaft genommen[133]. So ging es auch vielen anderen Gegnern der Nationalsozialisten, die massenweise von der SA verhaftet und deren Wohnungen durchwühlt und Akten weggeschafft wurden[134].

Besonders traf es auch den soeben entmachteten Innenminister Stützel, denn gegen 24 Uhr zerstörten SA-Leute mit Gewehrkolben die Haus- und Wohnungstüre des Hauses Ludwigstraße 22 a, stürmten ins Schlafzimmer und forderten den im Schlaf überraschten Minister auf, sich anzukleiden. Als dieser sich weigerte, ohne gültigen Haftbefehl mitzugehen, wurde er »kurzerhand – im Nachthemd – auf die Schulter genommen, und zwei Männer trugen ihn hinunter, wo ein Auto und weitere SA-Leute bereitstanden«[135].

Im Braunen Haus wurde Stützel gedemütigt und schwer misshandelt. Lina Heydrich schrieb dazu an ihre Eltern: »... Die Gaudi könnt ihr Euch vorstellen. In Socken und Nachthemd steht der Herr Minister in der Halle, umgeben von einer Menge SA und SS, die vor Lachen nicht wissen wohin. Dann kommen sie und treten dem weinenden Minister mit

---

133 **Morsey**, Gerlich (wie Anm. 59), S. 261–265. • 134 **Hartmann**, Bayerns Weg (wie Anm. 7), S. 507. • 135 Bericht der Tochter Franziska, zitiert nach: Widerstand und Verfolgung im CV, München 1983, S. 180, 181; vgl. auch **Hoegner**, Der schwierige Außenseiter (wie Anm. 121), S. 87; **Schwend**, Bayern (wie Anm. 65), S. 540.

ihren schweren Stiefeln auf die große Zehe«[136]. Neben Stützel traf es viele andere, u. a. den SPD-Vorsitzenden von München, Thomas Wimmer, und den Vorsitzenden der Bayerischen Volkspartei Fritz Schäffer, der ebenfalls aus dem Bett geholt wurde[137]. Im Ganzen wurden damals 5.400 politische Gegner der NSDAP verhaftet[138].

Nun begann auch in Bayern für viele der »Leidensweg«, während die Anhänger Hitlers triumphierten. »Umjubelt von einer fanatisierten Volksmenge«, so schreibt Schwend, »pries auf dem nächtlichen Odeonsplatz von der Feldherrnhalle herab der bayerische General von Epp, den abgelaufenen Tag«[139]. Obwohl Ministerpräsident Held bei Reichspräsident Hindenburg feierliche Verwahrung gegen die Übertragung der Polizeigewalt an General Epp einlegte, wurde er abgewiesen, die Schlüsselpositionen wurden von NS-Leuten besetzt, obgleich die Regierung nicht zurücktrat. Als das Kabinett am 10. März nochmals zusammenkam, geschah dies unter Aufsicht und in Anwesenheit bewaffneter SA-Leute, so dass sich Held am 15. März in die Schweiz begab, ohne zurückzutreten. Bayern wurde fortan vom Machtdreieck Wagner – Röhm – Himmler beherrscht, welche eine totalitäre Diktatur errichteten[140].

136 Zitiert nach: **Widerstand im CV** (wie Anm. 135), S. 181. • 137 **Privatarchiv Dr. Bracker**, Aufzeichnungen von Elsa Schäffer. • 138 **Hoegner**, Der schwierige Außenseiter (wie Anm. 121), S. 87; **Kraus**, Geschichte Bayerns (wie Anm. 17), S. 770. • 139 **Schwend**, Bayern (wie Anm. 65), S. 541. 140 Peter Claus **Hartmann**, Die Gleichschaltung in Bayern 1933 unter besonderer Berücksichtigung von Passau, in: Ostbaierische Grenzmarken 29 (1987), S. 180, 181.

Nach den Juden, Kommunisten und Sozialdemokraten wurden bald auch die katholischen Gegner des Regimes verfolgt und misshandelt. Die Zahl der Schutzhäftlinge nahm so sehr zu, dass schon am 22. März 1933, also vor dem Ermächtigungsgesetz, das KZ (Konzentrationslager) Dachau errichtet wurde[141].

141 **Hoegner**, Die verratene Republik (wie Anm. 132), S. 352ff.; **Kraus**, Geschichte Bayerns (wie Anm. 17), S. 730.

IV. Kulturkampf, Verfolgung und Widerstand von 1933 bis 1945

Resistenz, Widerstand und Verfolgung der katholischen Kirche und des katholischen Milieus

Die Verfolgung, die Resistenz und der Widerstand der katholischen Kirche und des katholischen Milieus in München kann im Rahmen einer kurzen Studie nur in verschiedenen aussagekräftigen Beispielen behandelt werden. Im Bereich der Politik wurden im Juni 1933 fast 2.000 BVP-Funktionäre und Mandatsträger verhaftet. Die Parteien wurden verboten oder lösten sich auf, sodass nur noch die nationalsozialistische Einheitspartei blieb. Gleichzeitig wurden die Gewerkschaften und Berufsgruppen gleichgeschaltet[142].

Den alten Gegnern der NSDAP wurde nun ihr früherer Kampf durch rigorose, brutale Rachemaßnahmen vergolten. Als man bei den Massenverhaftungen im Juni 1933 einen Brief Schweyers an den abgesetzten Ministerpräsidenten Held fand, wo man u. a. lesen konnte: »Göttliches und menschliches Recht wird mit Füßen getreten … Am Ende der NS-Herrschaft« sehe er ein »Ende mit Schrecken«, wurde der 65-jährige ehemalige Innenminister in Schutzhaft genommen, so schwer misshandelt, dass er einen

142 **Volk**, Bayern (wie Anm. 116), S. 521; **Schwend**, Die Bayerische Volkspartei (wie Anm. 124), S. 504–507; **Bracher**, Stufen (wie Anm. 116), S. 237 ff.

Schlaganfall erlitt, von dem er sich, dauernd leidend unter weiteren Strafmaßnahmen des Regimes, wie Kürzung der Pension und Morddrohung, nicht mehr erholte. So starb er am 10. November 1935, nachdem er noch 1934 der vorgesehenen Ermordung beim Röhmputsch, gewarnt von einem Bundesbruder, entkommen hatte können[143].

Besser erging es seinem Nachfolger Stützel, der sich wegen der Folgen seiner Misshandlungen durch die SA in eine Klinik begeben musste und sich in einem »schweren Depressionszustand« befand. Nach seiner Entlassung aus dem Krankenhaus begab er sich ins Exil nach Tirol und entging so der Verhaftungswelle vom Juni 1933, wurde jedoch vom »Völkischen Beobachter« als Landes- und Hochverräter, der sich in Innsbruck herumtreibe und dort Kontakt mit Feinden des nationalsozialistischen Deutschlands pflege, heftig attackiert. Um ihn zur Heimkehr zu zwingen, wurden ihm nach den neuen Bestimmungen des »Gesetzes zur Wiederherstellung des Berufsbeamtentums«, das viele Juden und politische Gegner des NS-Regimes zu spüren bekamen, sämtliche Pensionsansprüche gestrichen[144].

Trotz Rückkehr nach München am 31. Juli 1933 erhielt Stützel zunächst keinen Pfennig mehr. Auf Intervention von Ministerpräsident Siebert bekam er erst nach langem Kampf ab April 1934 das Ruhegehalt eines Ministerialrats. Vorher waren er und seine Familie in große finanzielle Schwierigkeiten geraten. In der Folgezeit zog sich Stützel »gehetzt und geächtet, in dauernder Angst vor seinen Ver-

143 **Düren**, Schweyer (wie Anm. 44), S. 64–70. • 144 **Fürst**, Stützel (wie Anm. 75), S. 458–464.

KZ Dachau 1933. Der ehemalige BVP-Landtagsabgeordnete Alois Hundhammer (li.) und ein Sohn des ehemaligen Ministerpräsidenten Held an der Walze

folgern« und von der politischen Polizei observiert, ganz ins Privatleben zurück, ohne sich mit den Nationalsozialisten zu arrangieren, aber auch ohne Kontakt mit dem Widerstand aufzunehmen. Er starb am 25. Juli 1944 infolge einer Operation[145].

Ins KZ Dachau wurde schon 1933 der engagiert katholische junge BVP-Abgeordnete Alois Hundhammer unter außerordentlich harten Bedingungen eingeliefert. Es existiert noch ein Foto, das Hundhammer mit einem Sohn des Ministerpräsidenten Held in diesem KZ an der Walze zeigt. Nach seiner Entlassung nach sechs Wochen KZ-Haft erhielt der doppelt promovierte BVP-Politiker Berufsverbot, war

145 **Ebd.**, S. 470–472.

arbeitslos und brachte seine große Familie durch Führung einer Schuhreparaturwerkstätte in der Sendlingerstraße in München durch, die als Informationszentrum des katholischen Widerstandes galt[146].

Später 1944 bzw. 1945 kamen zwei andere katholische Politiker ins KZ, nachdem sie schon vorher Repressionsmaßnahmen erlitten hatten. Fritz Schäffer, seit 1929 Vorsitzender der BVP und seit 1931 als Staatsrat Leiter des bayerischen Finanzministeriums wurde, wie erwähnt, in der Nacht vom 9. auf den 10. März 1933 von SA-Leuten aus dem Bett geholt und kurz verhaftet[147]. Wenige Monate später traf es ihn wieder. Am 26. Juni 1933 wurden nämlich 1.917 BVP-Mandatsträger in Haft genommen, der 45-jährige Parteivorsitzende Schäffer war schon einen Tag vorher ins Polizeigefängnis in der Ettstraße gebracht und am 27. Juni 1933 nach Stadelheim transportiert worden, und zwar zusammen mit den prominenten BVP-Politikern Anton Pfeiffer (Generalsekretär), Prälat Anton Scharnagl (Professor für Kirchenrecht, ab 1943 Weihbischof in München), die Abgeordneten Erich Emminger (1923/24 Reichs-

146 Oliver **Braun**, Ein biographisches Projekt als methodischer Hürdenlauf (Person und politisches Weltbild des CSU-Politikers Alois Hundhammer (1900–1974), in: Geschichte und Region 2002; Oliver **Braun**, Alois Hundhammer (1900–1974): Minister und Landtagspräsident in Bayern, in: Günter **Buchstab** u. a. (Hg.), Christliche Demokraten gegen Hitler, Freiburg u. a. 2004, S. 304–312; Oliver **Braun**, Alois Hundhammer. Konservative Existenz in der Moderne. Das politische Weltbild Alois Hundhammers (1900–1974). (Untersuchungen und Quellen zur Zeitgeschichte, Bd. 7), München 2006, S. 239–246; vgl. auch Paul **Hussanek**, Hundhammer. Weg des Menschen und Staatsmanns, München o. J. [1950]. • 147 **Altendorfer**, Schäffer (wie Anm. 112), S. 757, 758.

justizminister), Alfons Probst und Georg Stang (von 1929 bis 1933 Landtagspräsident), die alle drei KVer waren. Die ehemaligen BVP-Spitzenfunktionäre wurden dort von den SA-Leuten schikaniert und angebrüllt. Otto Altendorfer schreibt dazu: »Der Inhaftierung der gesamten Parlamentarierschaft der Bayerischen Volkspartei, die in katholischen Bevölkerungskreisen »erhebliches Aufsehen erregte«, ging »eine sich steigernde Propaganda gegen die Partei« einher.

Nachdem die BVP am 4. Juli 1933 aufgelöst worden war, wurden am 5. Juli die politischen Schutzhäftlinge der BVP wieder entlassen[148]. Im Gegensatz zu den meisten BVP-Politikern mit Studienabschluss, die sehr oft Mitglieder katholischer Verbindungen waren, gehörte Schäffer der Münchener Burschenschaft »Apollo« an, die 1935 als Kameradschaft dem Nationalsozialistischen Studentenbund unterstellt wurde und einige prominente Nationalsozialisten, u. a. Heinrich Himmler, zu ihren Mitgliedern zählte. Schäffer wurde später ausgeschlossen[149]. Beim Röhmputsch stand Schäffer auf der Todesliste, wurde jedoch rechtzeitig gewarnt und konnte untertauchen[150]. Immerhin meldete laut Lagebericht der Regierung von Niederbayern und der Oberpfalz vom 16.6.1934 ein Flugblatt Staatsrat Fritz Schäffer, Dr. Stützel, Dr. Heim u. a. als getötet[151].

Schäffer wurde vom NS-Regime zum Oberregierungsrat degradiert und in den Ruhestand versetzt. Trotz schwerer

148 **Ebd.**, S. 788–791; **KV-Jahrbuch (Jb)** von 1931. • 149 **Altendorfer**, Schäffer (wie Anm. 112), S. 851–853. 150 **Ebd.**, S. 792, 793. • 151 Walter **Ziegler**, Die kirchliche Lage in Bayern nach den Regierungspräsidentenberichten 1933–1943, hg. v. der Kommission für Zeitgeschichte, 7 Bde., Bd. 4, Mainz 1966, S. 35.

Bedenken und vieler Querschüsse der Bayerischen Politischen Polizei und trotz eines Gutachtens vom 23. Mai 1934, in dem Schäffer als »ein erbitterter Gegner des Nationalsozialismus« bezeichnet wurde, erhielt Schäffer am 20. Juli 1934 die Zulassung als Rechtsanwalt. An sich hatte er wenige Aussichten auf Klientel, bekam jedoch sogleich Aufträge der katholischen Kirche. Auftragsvermittler war sein früherer Fraktionskollege Domdekan Anton Scharnagl. In der Folgezeit verteidigte Schäffer vornehmlich die vom Regime immer mehr bedrängten und bekämpften Klöster, deren Schulen seit Beginn des Jahres 1938 fast alle geschlossen wurden. Dabei arbeitete Schäffer eng mit seinem ehemaligen BVP-Abgeordnetenkollegen Dr. Alois Schlögl zusammen, der eine Steuerkanzlei betrieb. Er beteiligte sich als ungenannter Rechtsberater an den Mitteilungen der »Arbeitsgemeinschaft katholischer Klöster« in Bayern[152].

Schäffer bewies immerhin den Mut, für die Armen Schulschwestern in München einen Musterprozess vor dem Reichsfinanzhof gegen die sogenannte »Selbstheiligungstheorie« zu führen und legte gegen die Entscheidung des Oberfinanzpräsidenten Rechtsbeschwerde ein, den Armen Schulschwestern die Gemeinnützigkeit zu versagen. Obwohl Schäffer, der dadurch in die Schusslinie geriet, angesichts der nationalsozialistischen Einstellung der Richter nicht durchdringen konnte, fand er schließlich eine gute Lösung für die Klöster[153].

152 **Altendorfer**, Schäffer (wie Anm. 112), S. 793–823. • 153 **Ebd.**, S. 814, 815.

Sein enger Kooperationspartner im Münchener Ordinariat, Domkapitular Johann Zinkl, der dort die »Arbeitsgemeinschaft katholischer Klöster« in Bayern leitete und den Widerstand gegen die Klosterrepression und Verfolgung gegen die bayerischen Klöster organisierte, wurde Anfang 1941 aus Bayern ausgewiesen und musste München innerhalb von 24 Stunden verlassen. Er zog sich nach Wien zurück[154]. Otto Altendorfer kann nachweisen, dass Schäffer für mindestens 37 Orden und Klöster in Bayern und im Reich als Rechtsanwalt tätig war. Durch diese Arbeit, für die er Reisen in ganz Bayern und im Reich unternehmen musste, konnte Schäffer enge Kontakte zu seinen ehemaligen Parteifreunden der BVP und des Zentrums aufnehmen, u. a. mit Karl Schwend, Dr. Anton Pfeiffer, Karl und Anton Scharnagl, Dr. Josef Müller, Max Zwicknagl und Alois Hundhammer.

»Es konnte«, so schreibt Altendorfer, »aufgrund dieser Verbindungen nicht ausbleiben, daß der Rechtsanwalt Kontakt zum katholischen Untergrund fand, der sich in München um seinen alten Freund Alois Hundhammer gruppierte«. Schäffer hielt auch Kontakt mit Pater Rupert Mayer und dem ehemaligen württembergischen Staatspräsidenten Eugen Bolz, ferner kam er in Verbindung mit dem Widerstandskreis des ehemaligen Zentrumsabgeordneten und Finanzpräsidenten Hans Rauch, einem KVer, der bis 1933 BVP-Landtagsabgeordneter gewesen war. Schäf-

154 **Ebd.**, S. 815, 816.

fer pflegte auch gute Beziehungen zu Pater Schlund, dem früheren CV-Seelsorger, zu Domkapitular Neuhäusler, der eine Beobachtungsstelle aller kirchenfeindlichen Äußerungen und Maßnahmen des Regimes leitete, mit Pater Rösch SJ, dem Provinzial der Jesuiten und seinem Widerstandszentrum und Josef Müller, von dem noch zu sprechen sein wird. Rauch nahm eine zentrale Rolle im katholischen Widerstand ein, kannte Papst Pius XII. aus seiner Münchener Zeit sehr gut und überbrachte oft Information von Pater Rösch an Pater Leiber, den Beichtvater des Papstes. Er war neben Müller ein besonders wichtiges Glied des katholischen Widerstandes im Vatikan[155].

Rauch hatte auch enge Beziehungen zum Widerstandskreis um Franz Sperr und dem Regensburger Widerstandskreis, dem neben Dr. Otto Graf, ein KVer, Dr. Josef Held, ein CVer, der Brauereidirektor August Elsen, Mitglied der Tuiskonia im CV und Otto Hipp, Mitglied der Aenania, angehörten, der wieder die Verbindung zur Widerstandsgruppe um seinen Bundesbruder Dr. Gebhard Seelos herstellte. In München waren mit Karl Schwend, Mitglied der CV-Verbindung Rheno-Frankonia in München und Anton Scharnagl gute Freunde Schäffers in die kirchlichen Gespräche eingeschaltet. Dabei beriet Schwend mit Pater Alfred Delp SJ Vorbereitungen für einen Umsturz und die beiden

155 **Ebd.**, S. 829 – 842; Karl Schwend und Max Zwicknagl waren Mitglieder der CV-Verbindung Rheno-Franconia in München; vgl. **GV (Gesamtverzeichnis)** des CV 1931, S. 499. Anton Pfeiffer und Josef Müller waren Mitglieder der Ottonia im KV in München, Hans Rauch Mitglied der Rheno-Borussia Bonn im KV; **KV-Jb** 1931 (wie Anm. 148).

Josef Müller, BVP-Abgeordneter

Georg Stang
Landtagspräsident (1929 bis 1933)

Brüder Anton und Karl Scharnagl sowie Carl F. Goerdeler stellten eine Liste von Personen zusammen, die »für den Aufbau einer neuen Ordnung in Betracht kamen«, darunter Alois Hundhammer, Otto Hipp und der von den Nazis vertriebene ehemalige Augsburger Oberbürgermeister Otto Bohl, wie Hipp Mitglied der Aenania. »Die enge Vernetzung der Widerstandskreise bewirkte nach dem 20. Juli 1944«, so betont Altendorfer, »daß viele Mitglieder rechtzeitig gewarnt ... werden konnten«[156].

Schäffer, der auch als Verteidiger des Führers der monarchistischen Widerstandsgruppe »Bayernwacht« agierte,

156 **Altendorfer**, Schäffer (wie Anm. 112), S. 846 – 849; **KV-Jahrbuch** 1931 (wie Anm. 148); **GV** des CV 1931 (wie Anm. 155), S. 461.

Michael Horlacher (BVP), 1920 bis 1925 bayerischer Landtagsabgeordneter, 1924 bis 1933 Reichstagsabgeordneter

Fritz Schäffer, BVP-Vorsitzender, Stadtrat

wurde am 24. August 1944 als Gefangener Nr. 93230 ins KZ Dachau eingeliefert. Mithäftlinge waren dort u. a. der ehemalige BVP-Oberbürgermeister von München, Karl Scharnagl, der Münchener Stadtpfarrer Muhler, Mitglied der CV-Verbindung Langobardia, die BVP-Politiker Josef Stürmann, Michael Horlacher, ehemaliger Reichstagsabgeordneter, Mitglied der katholischen Verbindung Langobardia zu München im CV, Georg Stang, bis 1933 Landtagsabgeordneter der BVP und Max Gerstl.[157]. Im KZ waren mit diesen BVP-Politikern gemeinsam die SPD-Politiker Thomas Wimmer und Albert Roßhaupter. Der bis 1933 als

157 **Altendorfer**, Schäffer (wie Anm. 112), S. 855 – 857; **GV** des CV (1931) (wie Anm. 155), S. 481.

Landtagspräsident amtierende Georg Stang, Mitglied der K.St.V. Normannia Würzburg im KV, kam 1933 vorübergehend in Schutzhaft ins KZ Dachau und wurde 1944 erneut im KZ Dachau inhaftiert[158].

Michael Horlacher (BVP), 1920 bis 1925 bayerischer Landtagsabgeordneter, 1924 bis 1933 Reichstagsabgeordneter und Direktor der Bayerischen Landesbauernkammer, verlor nach der Machtergreifung seine Posten und wurde 1933 und 1944 verhaftet, die letzten Monate des 2. Weltkrieges war er im KZ Dachau eingesperrt. Nach dem Krieg wurde er von 1946 bis 1950 Landtagspräsident[159].

Am 8. Oktober 1944 wurde Schäffer wieder aus dem KZ entlassen. Da er im amerikanischen Geheimdienst als Nazigegner geführt wurde, ernannte ihn die amerikanische Besatzungsmacht auf Rat Kardinal Faulhabers nach Kriegsende am 28. Mai 1945 zum Ministerpräsidenten.[160] Nach dem Krieg machte auch der strikt antinationalsozialistische Beamte Otto Frommknecht Karriere. Er war Mitglied und zeitweiliger Philister-Senior der katholischen Verbindung Vindelicia im CV, Mitglied der BVP und 1919–1925 Bürgermeister von Obermenzing. 1933 leitete er als Reichsbahn-Oberrat das Bau- und Betriebsamt München I. Wie vielen Geistlichen wurde ihm das Heimtückegesetz, das jede Kritik an NS-Größen und an der NSDAP unter schwere Strafe

158 Wolfgang **Weiß**, Georg Stang (1880–1951). Altphilologe und Politiker, in: Eikasmós 4 (1993), S. 345–350. • 159 Johann **Kirchinger**, Michael Horlacher. Ein Agrarfunktionär in der Weimarer Republik. (Beitrag zur Geschichte des Parlamentarismus und der politischen Parteien, Bd. 159), Düsseldorf 2011. • 160 **Altendorfer**, Schäffer (wie Anm. 112), S. 858, 859, 870, 871.

stellte, zum Verhängnis. Er äußerte nämlich im Urlaub Kritik an dem Münchner Gauleiter Wagner und wurde angezeigt. Dies führte 1938 zur Entlassung Frommknechts, der verhaftet wurde und sechs Monate ins Gefängnis in München und zwei Monate in Berlin-Moabit kam. Im Februar 1939 wurde er dann wegen versuchten Landesverrats zu einem Jahr Zuchthaus verurteilt und verlor alle Beamtenrechte. Der Arbeitslose wurde von einem Bundesbruder als Statiker eingestellt. Nach dem Krieg wurde Frommknecht Abteilungspräsident der Eisenbahn und von 1947 bis 1950 bayerischer Verkehrsminister (CSU).[161]

Zu erwähnen wäre der »christlich-monarchisch« geprägte Widerstandskreis des ehemaligen bayerischen Gesandten in Berlin und hohen Offiziers Franz Sperr, der Kontakte zum jesuitischen Widerstandszentrum, zum bayerischen Kronprinzen, zum Kreisauer Kreis und zum militärischen Widerstand pflegte und der am 23. Januar 1945 hingerichtet wurde. Zum Kreis gehörten u. a. der Erlanger Privatdozent Ernst Meier, früheres Mitglied der Bayernwacht, Dr. Georg Boegl, Dr. Alban Haas, Mitglied der Aenania, und das frühere BVP-Mitglied Dr. Otto Graf, Mitglied der Normania Würzburg im KV, u. a.[162]. Ehemalige Politiker der BVP, wie die Aenanen Otto Hipp und Gebhard

---

161 Zu Frommknecht: Herbert **Mader**, Grünbacher Chronik von den Anfängen bis zur Gegenwart. Der Minister aus Grünenbach, S. 291 f.; Academia 1/83, S. 32–33. • 162 Winfried **Becker**, Franz Sperr und sein Widerstandskreis, in: Hermann **Rumschöttel**/Walter **Ziegler** (Hg.), Franz Sperr und der Widerstand gegen den Nationalsozialismus in Bayern. (ZBLG, Beiheft 20), München 2001, S. 83–172, hier bes. S. 120; **GV** des CV 1931 (wie Anm. 155); **KV-Jb** 1931 (wie Anm. 148).

Seelos waren im Widerstandskreis »Freiheitsaktion Bayern« führend aktiv. Zu deren zentralen Gruppen zählte nämlich die »Bayerische Heimatbewegung«. Deren beiden Protagonisten waren Seelos und Hipp, der von den Nazis 1933 abgesetzte Oberbürgermeister von Regensburg und spätere Rechtsanwalt in München[163].

Ein wichtiger Mann des katholischen Widerstands war auch Josef Müller (1898–1979), geboren in Steinwiesen bei Kronach (Oberfranken), Mitglied des KV, Rechtsanwalt in München, seit 1920 BVP-Mitglied, mit den Söhnen von Ministerpräsident Held befreundet und mit Heinrich Held gut bekannt, die auch Mitglieder des KV waren[164]. Im April 1933 gehörte Müller als Ersatzmann kurze Zeit als Abgeordneter dem bayerischen Landtag an, der am 28.4.1933 einem bayerischen Ermächtigungsgesetz zustimmte[165]. Schon 1934 kurz verhaftet, pflegte Müller guten Kontakt zu Domkapitular Neuhäusler und er wurde zu dessen »mutigsten Briefträger für die von Neuhäusler gesammelten Informationen und Dokumente, welche die Übergriffe der Nazis zusam-

163 Veronika **Diem**, Die Freiheitsaktion Bayern. Ein Aufstand in der Endphase des NS-Regimes. (Münchener Historische Studien, Abteilung Bayerische Geschichte, Bd. 19), Kallmünz/Oberpfalz 2013, S. 74, 75, 81; Rainald **Becker**, Bayerische Diplomaten im Lateinamerika der Nachkriegszeit. Karl Graf Spreti und Gebhard Seelos, in: Peter Claus **Hartmann** und Alois **Schmid** (Hg.), Bayern in Lateinamerika. Transatlantische Verbindungen und interkultureller Austausch. (ZBLG, Beiheft 40), München 2011, S. 281–315, hier bes. S. 286, 287, 289–291; **GV** des CV 1931 (wie Anm. 155), S. 461, 468. • 164 Friedrich Hermann **Hettler**, Josef Müller (»Ochsensepp«). Mann des Widerstandes und erster CSU-Vorsitzender. (MBM, H. 155), München 1991, S. 9–18; **KV-Jb** (wie Anm. 148), S. 7. • 165 **Altendorfer**, Schäffer (wie Anm. 112), S. 779, 780.

menstellten«. Neuhäusler schreibt dazu: »Ich wußte: wenn das Material entdeckt wird, sind unser beider Köpfe verloren«. Der Domkapitular bezeichnete Müller als einen »der erklärtesten Gegner des Dritten Reiches«, der mit »Mut, Kaltblütigkeit und Geschick« gehandelt habe[166].

Müller war auch Verbindungsmann von Canaris und vom deutschen Widerstand mit dem Vatikan und dessen Vermittlungsbemühungen um eine Einigung mit England. Am 5. April 1943 wurde Müller verhaftet, am 3./4. März 1944 freigesprochen, das Urteil wurde jedoch aufgehoben, so dass er am 26.9.1944 in das Kellergefängnis der Prinz-Albrecht-Straße überführt und bis zum 7.2.1945 dort gefangen gehalten, nach dessen Zerstörung im Februar ins KZ Buchenwald und im April ins KZ Dachau verlegt wurde, wo er hingerichtet werden sollte. Als Müller über Innsbruck in einem Geiseltreck in die »Alpenfestung« gebracht werden sollte, wurde er befreit[167].

Da praktisch alle Mandatsträger der BVP vorübergehend inhaftiert waren, ließen sich noch viele Beispiele von deren Widerstand und Verfolgung zitieren, etwa Alois Schlögl, Mitglied der Carolingia München im KV, seit 1948 bayerischer Landwirtschaftsminister, der auf Veranlassung von Gauleiter Streicher schwer misshandelt wurde und lange an den Folgen litt[168] oder das BVP-Mitglied Otto Graf, aber das würde zu weit führen. Vielmehr sind hier noch ein paar Bei-

166 **Hettler**, Müller (wie Anm. 163), S. 46, 47. • 167 **Hettler**, Müller (wie Anm. 163), S. 56–200. • 168 Theresia **Bauer**, Schlögl, Alois, in: Neue Deutsche Biographie (NDB), Bd. 23, Berlin 2007, S. 96, 97; **KV-Jb** 1931 (wie Anm. 148).

spiele aus dem Medienbereich zu bringen. Der ausführlich behandelte, mutige Fritz Gerlich wurde beim Röhmputsch aus der Schutzhaft nach Dachau gebracht und am 30.6.1934 dort ermordet[169]. Sein früherer Redaktionskollege, der engagiert katholische, monarchistische Journalist Erwein Freiherr von Aretin (1887–1952), kam 14 Monate lang in Haft, zuletzt im KZ Dachau, wurde am 17. Mai 1934 entlassen, erhielt Schreibverbot und musste Bayern verlassen[170].

Der enge Mitarbeiter Gerlichs beim »Geraden Weg«, der Kapuzinerpater Ingbert Naab, ein früher Warner vor dem Nationalsozialismus, konnte noch von Mitgliedern des Konnersreuther Kreises ins Exil in die Schweiz gebracht werden, um der Verhaftung zu entgehen[171].

Zum Freundeskreis der Therese von Konnersreuth gehörten auch die strikt antinationalsozialistischen Verleger Hugo Schnell und Johannes Steiner, die am 1.1.1934 den Dreifaltigkeitsverlag, später Verlag Schnell & Steiner, in München gründeten, der sich auf die Herausgabe von »Kleinen Führern«, vor allem von Kirchen, spezialisierte[172].

Die Geheime Staatspolizei in München beurteilte den Verlag am 1. Dezember 1937 recht kritisch und schreibt in

169 **Morsey**, Gerlich (wie Anm. 59), S. 287–289. • 170 **Ebd.**, S. 287; Otto **Graf zu Stolberg-Wernigerode**, Aretin, Erwein, Freiherr von, in: NDB, Bd. 1, Berlin 1953, S. 346f. • 171 Erich **Naab**, Ingbert Naab, in: Biographisch-Bibliographisches Kirchenlexikon, Bd. 6, 1993, Sp. 421–422; Helmut **Witetschek**, Pater Ingbert Naab. Ein Prophet wider den Zeitgeist, Regensburg 1985; **ders.**, Naab Ingbert, in: NDB, Bd. 18, 1997, S. 677f. • 172 Bettina **Beringer**, 50 Jahre Schnell & Steiner. Eine Verlagsdokumentation. Der Verlag Schnell & Steiner – Ein Beitrag zur publizistischen Selbstbehauptung, München – Zürich 1983, S. 27.

Johannes Steiner

ihrem Bericht: »Der Dreifaltigkeitsverlag, München, von der Pfordtenstr. 15, beschäftigte sich seit einigen Jahren mit der Herausgabe von sogenannten »Kirchenführern«. Die Schriften zeigten auf der Titelseite deutsche Städte- und Landschaftsbilder und waren außerdem mit entsprechendem Aufdruck der Städte und Ortsnamen versehen. Sie ließen in ihrer raffinierten Aufmachung in keiner Weise den wahren Charakter erkennen ... Die Inhaber des Verlages Dr. Steiner und Dr. Schnell waren vor der Machtergreifung zu den gehässigsten Gegnern der nat.soz. Bewegung zu rechnen.«[173]

Es war Therese von Konnersreuth, welche die zu ihrem Kreis gehörenden, in ihrer materiellen Existenz wegen

173 Abgedruckt **ebd.**, S. 33.

Hugo Schnell

ihrer antinationalsozialistischen Haltung bedrohten jungen Akademiker Schnell und Steiner im Jahr 1933 zusammenbrachte und somit den Anstoß für deren Verlagsgründung gab.

Dr. Johannes Steiner lernte Therese Neumann über Pater Ingbert Naab kennen, der den jungen tüchtigen Katholiken förderte. Der 1902 in der Oberpfalz geborene, promovierte Diplomkaufmann arbeitete als Leiter des Münchener Verlagsbüros in der Druckerei Carl August Seyfried & Co., in dem Naab mehrere Zeitschriften herausgab. 1930 wurde Steiner Geschäftsführer des »Naturrechts-Verlags«, bei dem, großenteils finanziert von Fürst Waldburg, der ausführlich behandelte, mutige Fritz Gerlich seit 1930 die Zeitschrift »Der illustrierte Sonntag« herausgab. Dort bekämpfte Gerlich heftig die Nationalsozialisten. Ende 1931/Anfang 1932 wurde die Zeitschrift, wie erwähnt, in »Der Gerade Weg« umbenannt, deren heftiger Kampf gegen die »Pest des Nationalsozialismus« oben beschrieben ist. Da die Druckerei Adolf Müller pikanterweise auch das offizielle Naziblatt »Völkischer Beobachter« druckte, wechselte man auf heftiges Betreiben Hitlers zu einer anderen Druckerei.

Steiner stand als Geschäftsführer jedenfalls voll auf der Linie von Gerlich. Als dieser bei der Erstürmung des Verlags durch die SA am 9. März 1933 verprügelt, niedergeschlagen, ins Polizeigebäude verschleppt und dort in Schutzhaft genommen wurde, nahm man Steiner auch mit. Er konnte jedoch entkommen. Während der »Gerade Weg« vom neuen Regime verboten wurde, verlor Steiner seine Geschäftsführerposition[174].

Ähnlich war es Hugo Schnell ergangen. Der promovierte Kunsthistoriker Schnell, am 15. März 1904 in gut katholischer Familie in München geboren, übernahm auf Rat von Pater Ingbert Naab 1932 die Position eines Schriftleiters und Lektors in der Druckerei und Verlagsanstalt Albert Angerer in Waldsassen, die u. a. das »Konnersreuther Sonntagsblatt« herausgab. Schnell hielt Vorträge über Kunstgeschichte und Geschichte der Oberpfalz und durchsetzte sie mit Warnungen vor den Nationalsozialisten. Außerdem war er bei der Bayernwacht aktiv, deren Zeitung bei Angerer erschien. Deshalb wurde Schnell 1933 nach der Machtergreifung der NSDAP in Bayern in Schutzhaft genommen und musste einige Wochen im Amtsgerichtsgefängnis bleiben.

174 **Ebd.**, S. 12, 19–25.

Damals wurde ihm bei Angerer gekündigt und man wies ihn nach seiner Entlassung aus der Oberpfalz aus. Arbeitslos und vom Regime bedroht, tat er sich, wie erwähnt, auf Betreiben der Therese mit Steiner zusammen, der sich in ähnlicher Situation befand. Der von ihnen gegründete Verlag, der vor allem Kirchenführer herausgab, konnte sich in der Widerstandssituation trotz Schikanen des Regimes behaupten[175].

Des Weiteren soll das nicht untypische Beispiel des Verlegers Dr. Alfons Jehle (1888–1966) gebracht werden, der seit 1940 seinen Verlag in einer großen Villa in München-Gern betrieb und verschiedenartigen passiven Widerstand gegen das Regime leistete. Vorher war er Herausgeber der Landshuter Tageszeitung »Kurier für Niederbayern«, den er zunehmend zum katholisch orientierten, antinationalsozialistischen Blatt ausgebaut hatte. Zusammen mit seinem Mitarbeiter, dem Benefiziat Peter Zimmermann, war er Verfasser politischer, gegen die Nazis gerichteter Kommentare. Beide wurden deshalb am 27. Juni 1933 in »Schutzhaft« genommen. 1933 beraubte man ihn seiner Tageszeitung und seiner Fachzeitung »Der Bayerische Bierbrauer«[176]. Der gut katholische Jehle war Mitglied der

175 **Ebd.**, S. 13, 17, 25, 26, 36ff. • 176 Stadtarchiv Landshut, Nachlass Dr. Alfons **Jehle**: »Mein Lebenslauf«. Dr. Alfons **Jehle**: Meine Bekanntschaft mit Heinrich Himmler, von Dr. Alfons **Jehle** (25.7.1945), bes. S. 13–18; Heinrich **Egner**, Seine Kommentare machten ihn der NSDAP verhasst. Die Artikel des Benefiziaten Peter Zimmermann aus Furth bei Landshut 1932/33 im »Kurier für Niederbayern«, in: Verhandlungen des Historischen Vereins für Niederbayern 139 (2013), S. 5–32; Heinrich **Egner**, »Aus dem Leben eines Vielbeneideten«: Peter Zimmermann. Kurzgeschichten des »Geistlichen Riesen« Peter Zimmermann (1891–1936). (Straubinger Hefte 62), Straubing 2012, S. 7–30.

CV-Verbindungen Badenia Straßburg (wie Reichskanzler Brüning) sowie Burgundia Leipzig und dort Senior bzw. Fuchsmajor[177].

Was damals gut katholische Vereine als wichtige Teile des gegen das Regime eingestellten katholischen Milieus zu erwarten hatten, mussten im Juni 1933 die mehr als 20.000 jungen Gesellen des Kolpingvereins schmerzlich erfahren, die zum ersten Gesellentag aus ganz Deutschland nach München gekommen waren. Obwohl sie die Auflagen der Polizei (keine geschlossenen öffentlichen Aufmärsche) erfüllten, fielen die SA-Horden über die jungen Katholiken her, beschimpften sie, schlugen ihnen mit Lederriemen ins Gesicht, nahmen ihnen die Festzeichen weg und rissen ihnen die orangefarbenen Hemden auf offener Straße vom Leib. Angesichts des SA-Terrors musste Kardinal Faulhaber den geplanten großen gemeinsamen Gottesdienst absagen, um die Kolpinggesellen nicht weiter zu gefährden. Ex-Oberbürgermeister Scharnagl sprach entrüstet von »schmachvollen Vorgängen« und Kardinal Faulhaber, der heftig beim Reichskanzler Hitler, der bayerischen Regierung und der Polizei protestierte, von »unglaublichen Vorkommnissen«[178].

Im Jahr 1935 wurden, trotz staatlicher Genehmigung der Sammlung, Caritassammler in München verprügelt und z. T. ihrer Büchsen beraubt[179]. Als letztes Beispiel von

177 **»Der Bayerische Bierbrauer«** Nr. 1, 10.4.1918, S. 6. • 178 Alois **Birner**, Augenzeuge, berichtete 1983 ausführlich: siehe SZ-Bericht »Naziterror gegen Gesellen« vom 23.6.1983; **Hartmann**, Münchens Weg (wie Anm. 1), S. 233. • 179 Otto **Gritschneder**, Ich predige weiter (wie Anm. 31), S. 17, 18.

Walter Klingenbeck

Chirurgie-Professor Max Lebsche, Philistersenior der katholischen bayerischen Studentenverbindung Rhaetia

Widerstand des katholischen Milieus in München sei noch der junge Katholik Walter Klingenbeck, ein Vertreter des Jugendwiderstandes in der Pfarrei St. Ludwig erwähnt. In ständigem Kampf gegen die HJ bildete er mit Gleichaltrigen eine Widerstandsgruppe, die einen Schwarzsender und Flugblattaktionen plante und ihre Kritik verbreitete. Daraufhin wurde der 19-jährige 1942 vom Volksgerichtshof zum Tode verurteilt und hingerichtet. Im Abschiedsbrief schrieb er: »Ich habe soeben die Sakramente empfangen und bin jetzt ganz gefasst«[180]. Seine Mitstreiter Hans Haberl und Daniel von Recklinghausen wurden wie Klingenbeck wegen »landesverräterischer Feindbegünstigung, Vorbe-

180 Helmut **Moll** (Hg.), Zeugen für Christus (wie Anm. 24), S. 493 – 495.

reitung zum Hochverrat und Schwarzsenders« zum Tode verurteilt, aber dann zu acht Jahren Zuchthaus begnadigt, Erwin Eidel wegen Nichtanzeige eines hochverräterischen Unternehmens und Beihilfe zu acht Jahren Zuchthaus verurteilt[181].

Auch die Universitätsprofessoren, von denen sich in München viele anpassten, waren in ihrer Existenz gefährdet, wenn sie passiven Widerstand leisteten, wie der Chirurgie-Professor Max Lebsche, Philistersenior der katholischen bayerischen Studentenverbindung Rhaetia, der 1936 beurlaubt und 1937 in den Ruhestand versetzt wurde, oder der Romanist Hans Rheinfelder, Mitglied einer KV-Verbindung, der als Vorstand des Maximilianeums abgesetzt und dessen Berufung auf einen Lehrstuhl hintertrieben wurde, um nur zwei Beispiele zu nennen[182].

Kardinal Faulhaber

Eine zentrale Rolle im Kampf der katholischen Kirche in München gegen das NS-Regime spielte als geistlicher Oberhirte der Münchener Erzbischof und Kardinal Faulhaber, dessen Haltung von nicht wenigen Historikern und Medien

---

181 Jürgen **Zarusky**, Walter Klingenbeck (1924–1943), in: Zur debatte. Themen der Katholischen Akademie in Bayern 1/2018, S. 28–30; **AEM**: PD (Personendokumentation) 4359. • 182 Vgl. Helmut **Böhm**, Von der Selbstverwaltung zum Führerprinzip. Die Universität München in den ersten Jahren des Dritten Reiches (1933–1936). (Münchener Universitätsschrift Ludovico Maximilianea Forschungen, Bd. 15), Berlin 1995, S. 377, 393, 548, 586, 611, 615; **KV-Jb** 1931 (wie Anm. 148).

Kardinal Faulhaber

heute eher kritisch gesehen wird. Hier sollte man vielleicht den Kardinal mehr aus seiner Zeit heraus zu verstehen suchen. Heinz Schilling hat z. B. in einer Fernsehsendung zum Lutherjahr 2017 Kritikern gegenüber das Menschenrecht Luthers eingefordert, verstanden zu werden. Ähnliches könnte auch für Faulhaber gelten. Bei ihm »flossen«, so schreiben Thomas Brechenmacher und Harry Oelke, »die miteinander schwer zu vereinbarenden Haltungen nachgerade paradigmatisch in einer Person zusammen: die Loyalität gegenüber der obrigkeitlichen Autorität sowie die Angst vor unkalkulierbaren Konsequenzen ... auf der einen Seite und die Einsicht in den verbrecherischen Charakter des Regimes auf der anderen Seite«[183].

Deshalb schrieb Faulhaber überschwängliche Gratulationsschreiben an Hitler und feierte nach dem missglückten Elser-Attentat auf Hitler einen Dankgottesdienst, was ihm heute stark angekreidet wird[184]. Von Reinhard Bauer und Ernst Piper wird er auch als »entschiedener Antidemokrat« und der »führende Kopf der antirepublikanischen Kräfte innerhalb der katholischen Kirche« bezeichnet[185], was stark differenziert werden müsste.

Andererseits war Faulhaber, den der Sturz der von ihm so geschätzten Monarchie durch eine winzige Minderheit im November 1918 ohne Volksbefragung sehr getroffen hatte, in die Widerstandsaktionen gegen das NS-Regime meist eingebunden, unterstützte sie und protestierte immer wieder heftig gegen Maßnahmen des Regimes. Faulhaber kämpfte für die katholischen Schulen, den Erhalt der Klöster, der theologischen Fakultäten, versuchte aber durch

183 Thomas **Brechenmacher** und Harry **Oelke**, Kirchen, Konfessionen und ›Drittes Reich‹, in: München und der Nationalsozialismus (wie Anm. 6), S. 497–507, hier S. 502. • 184 Reinhard **Bauer**/Ernst **Piper**, München. Die Geschichte einer Stadt, München, Zürich 2008, S. 285; Georg **Denzler**, Widerstand oder Anpassung? Katholische Kirche und Drittes Reich, München 1984. • 185 **Bauer/Piper**, München (wie Anm. 183), S. 283, 284.

Kompromisse die Seelsorge aufrechtzuerhalten[186]. Er war von zahlreichen Verfolgungsmaßnahmen des Regimes betroffen, wie ständige Überwachung, Beschlagnahme von Hirtenbriefen, Anzeigen, Ermittlungsverfahren, Attentatsversuch, Demonstrationen, Versuch des NS-Mobs, das erzbischöfliche Palais zu stürmen u. a.[187] Zum Anschlag auf den Bischofshof am 27. Januar 1934 und den Sturm auf dieses Erzbischöfliche Palais im Anschluss an die Reichspogromnacht 1938 sind sprechende Quellen erhalten. 1938 versuchten 50 – 70 Leute, meist in SA- und SS-Uniform, das Palais zu stürmen[188].

Kardinal Faulhaber, Professor für Altes Testament, war judenfreundlich, wandte sich wiederholt gegen den Antisemitismus und pflegte gute Kontakte zu Vertretern der israelitischen Kultusgemeinden, was ihm bei den Nationalsozialisten den Namen »Judenkardinal« einbrachte. Später schrieben die israelitischen Kultusgemeinden Bayerns dem Kardinal zum 80. Geburtstag am 5. März 1949: »Als Vertreter der Bayerischen Kultusgemeinden werden wir nie vergessen, wie Sie, verehrter Herr Kardinal, in den Jahren 1933 mit einem Mut sondergleichen die Ethik des Alten Testaments

186 Kardinal Michael von **Faulhaber** 1869 – 1952. Ausstellungskatalog, München 2002, dort bes. Hans-Joachim **Hecker**, Kardinal Faulhaber und seine Stellung im Wandel der politischen Verhältnisse, S. 19 – 37; Walter **Ziegler**, Kardinal Faulhaber im Meinungsstreit. Vorwürfe, Kritik, Verehrung, Bewunderung, S. 64 – 93. • 187 Ulrich von **Hehl** (Hg.), Priester unter Hitlers Terror. Eine biographische und statistische Erhebung. (Veröffentlichungen der Kommission für Zeitgeschichte, Reihe A, Quellen, Bd. 37, I, 3. Aufl., Paderborn, München u. a. 1996 (wie Anm. 24), S. 919; **Faulhaber**, Katalog (wie Anm. 185), Angriffe auf einen Unbequemen, S. 370 – 379. • 188 **Ebd.**, S. 370 – 373, 376 – 379.

von der Kanzel verteidigten und Tausende jüdische Menschen vor dem Terror und der Gewalt geschützt haben«[189].

Sehr wichtig war die zentrale Rolle Kardinal Faulhabers bei der Abfassung der von ihm angeregten deutschsprachigen Päpstlichen Enzyklika »Mit brennender Sorge« von 1937, die praktisch Faulhaber zusammen mit dem Kardinalstaatssekretär Pacelli formulierte. Papst Pius XI. prangerte darin vor aller Welt die völkisch-rassistische Weltanschauung und den Kampf des Regimes gegen die katholische Kirche an. Die Enzyklika, die für die Nationalsozialisten überraschend kam, traf diese schwer. Deshalb reagierten sie mit großer Härte und Brutalität[190]. Die mutigen Druckereibesitzer, die bei dieser riskanten Aktion mitwirkten und erst die breite Wirkung ermöglichten, mussten dies bitter büßen, wie zum Beispiel der Münchener Verleger und »Buchdruckereibesitzer« Dr. Valentin Mayer, Mitglied und von 1931 bis 1933 Philistersenior der katholischen Verbindung Tuiskonia zu München im CV[191], der enteignet wurde und durch diese Widerstandsaktion seine materielle Existenz verlor. Sein Vermögen wurde eingezogen und er mit totalem Berufsverbot bestraft. Schließlich konnte er als Offizier seine große Familie durchbringen[192].

189 **Ebd.**, S. 321–344, Zitat auf S. 344. • 190 **Ziegler**, Bayern im NS-Staat (wie Anm. 32), S. 585; Ludwig **Volk** (Hg.), Akten Kardinal Michael von Faulhabers 1917–1952 (wie Anm. 39), 3 Bde., Mainz 1975/2002, hier Bd. 2, S. 307 ff.; Dieter **Albrecht** (Hg.), Der Notenwechsel zwischen dem Heiligen Stuhl und der deutschen Reichsregierung, 3 Bde., Mainz 1965/80, Bd. I, S. 403–443. • 191 **GV** des CV 1931 (wie Anm. 155), S. 509. • 192 Widerstand und Verfolgung im CV, München 1983 (wie Anm. 135), S. 145.

Die weltlichen Geistlichen

Die katholischen Priester standen ziemlich geschlossen in Oppositionshaltung gegen das Regime. 58,4 % der Diözesanpriester stießen mit dem Regime zusammen[193]. Wenn man das Ausmaß des katholischen Kulturkampfes untersucht sowie die Haltung des Münchener Klerus und die Verfolgungsmaßnahmen gegen die katholischen Geistlichen in der bayerischen Landeshauptstadt aufgrund verschiedener Zusammenstellungen durcharbeitet und die Angaben für die in München wirkenden Geistlichen heraussucht, die Verfolgungsmaßnahmen erlitten haben, so kommt man auf eine große Zahl. Berücksichtigt werden hier die entsprechenden Fragebögen des Archivs des Erzbistums, die Artikel von Friedrich Frei[194] und Norbert Keil[195] sowie die Zusammenstellung des umfangreichen, alle von Verfolgungsmaßnahmen betroffenen Geistlichen aufführenden Werkes von Ulrich von Hehl[196].

Man erhält den Eindruck, dass es eine allgemeine, stark ausgeprägte Gegnerschaft zwischen den katholischen Geistlichen und dem Nationalsozialismus gegeben hat, die sich andauernd in passivem Widerstand der Geistlichen

193 **Ziegler**, Bayern im NS-Staat (wie Anm. 32), S. 586. • 194 Friedrich **Frei**, Nationalsozialistische Verfolgungen katholischer Geistlicher im Erzbistum München und Freising (Fragebogen 1946 und 1980), in: Georg **Schwaiger** (Hg.), Das Erzbistum München und Freising in der Zeit der nationalsozialistischen Herrschaft, Bd. 1, München 1984, S. 402 – 488. • 195 Norbert **Keil**, Priester und Ordensleute vor dem Sondergericht München, in: **Schwaiger** (Hg.), Das Erzbistum (wie Anm. 193), S. 489 – 580. • 196 Ulrich von **Hehl** (Hg.), Priester unter Hitlers Terror (wie Anm. 24).

und entsprechender Repression durch das NS-Regime entlud, sodass man durchaus von einem intensiven Kulturkampf sprechen kann. Die Verfolgungsmaßnahmen reichten von Verwarnungen, Verhören, Ermittlungsverfahren, Hausdurchsuchungen, Beschlagnahmungen, Drohungen mit Gefängnis und KZ bis hin zu Gefängnis-, Schutzhaft und KZ-Aufenthalten. Besonders häufig kam der Vorwurf eines Vergehens gegen das »Heimtückegesetz«, das jede Kritik an der NS-Staatsspitze, am NS-Regime und an der NSDAP unter Strafe stellte[197].

Wenn man die im Archiv des Erzbistums liegenden Fragebögen von 1946[198], die allerdings noch kein vollständiges Bild geben, auswertet, so sind dort 170 weltliche Priester der Stadt München aufgeführt, die auch Friedrich Frei[199] im Einzelnen berücksichtigt. Demnach waren insgesamt 170 weltliche Geistliche Verfolgungsmaßnahmen des Regimes ausgesetzt. Zu diesen 170 kamen jedoch noch zahlreiche weitere weltliche Geistliche und der große Block der 76 verfolgten Ordenspriester, die in München wirkten und die in anderen Quellen und Veröffentlichungen aufgeführt werden. Nicht berücksichtigt sind dabei die Ordensbrüder und die Frauenorden.

Werfen wir zunächst noch einen Blick auf die weltlichen Geistlichen. Norbert Keil[200], der die Ermittlungsver-

197 Es handelte sich um das »Gesetz gegen heimtückische Angriffe auf Staat und Partei zum Schutz der Parteiuniform« vom 20. Dezember 1934; vgl. von **Hehl**, Priester (wie Anm. 24), S. 57. • 198 **AEM**, Ordinariat, Fragebogen vom 1.7.1946, Fragebogen A. Nationalsozialistische Verfolgung katholischer Geistlicher. • 199 **Frei**, Nationalsozialistische Verfolgungen (wie Anm. 193). • 200 **Keil**, Priester (wie Anm. 194).

Domkapitular Johannes Neuhäusler

fahrensakten vor dem Sondergericht München auswertet, und auf 223 Betroffene in Bayern kommt, bringt noch vier weitere weltliche Geistliche, darunter den Dompfarrer und Domkapitular, die bei Frei nicht berücksichtigt sind, und viele Ordenspriester, auf die später eingegangen wird. 46 zusätzliche Mitglieder des weltlichen Klerus in München führt von Hehl[201] auf, sodass noch eine ganze Anzahl weiterer Münchener Stadtpfarrer, Kapläne, Kooperatoren und geistliche Studienräte zu nennen sind.

Wenn man alles berücksichtigt, dann war nicht nur Kardinal Faulhaber von zahlreichen Maßnahmen[202] betroffen, sondern auch die beiden Dignitäre des Domkapitels, Dompropst und Weihbischof Dr. Johannes Baptist Schauer und

201 Von **Hehl** (Hg.), Priester (wie Anm. 24). • 202 **Ebd.**, S. 919.

Domkapitular
Dr. Johannes Zinkl (1892–1953)

Domdekan Dr. Anton Scharnagl[203]. Ferner traf es mindestens sechs Inhaber der übrigen zehn Domkapitelstellen in München, und zwar den Domkapitular und Dompfarrer Dr. Johann Baumgärtler[204], den Generalvikar und Domkapitular Michael Buchwieser[205], den Domkapitular Dr. phil. et theol. Michael Hartig, den Notar des Erzbischöflichen Konsistoriums und Domkapitular Dr. Dr. Erwin Roderich von Kienitz[206], den Domkapitular Johannes Neuhäusler sowie Domkapitular Dr. Johann Zinkl[207].

Johannes Neuhäusler hatte unter den Mitgliedern des Domkapitels am schwersten zu leiden. Er war als kirchen-

203 **Ebd.**, S. 973.• 204 **Keil**, Priester (wie Anm. 194), S. 495.• 205 **Ebd.**, S. 501.• 206 **Frei**, Nationalsozialistische Verfolgungen (wie Anm. 193), S. 445.• 207 Von **Hehl** (Hg.), Priester (wie Anm. 24), S. 962, 996.

politischer Referent des Erzbistums München und Freising die Zentralfigur des kirchlichen Widerstandes im Ordinariat und musste dies mit vier Jahren KZ-Aufenthalt büßen.

Der 1888 geborene, 1913 zum Priester geweihte und 1932 zum Domkapitular ernannte Geistliche erhielt 1933 die Aufgabe, die Übergriffe des NS-Regimes auf die katholische Kirche zusammenzustellen und gegen diese zu intervenieren. Er organisierte 1934 den »Internationalen katholischen Gesellentag« in München, bei dem die SA-Horden über die jungen Kolpingbrüder herfielen und diese verprügelten, so dass aus Sicherheitsgründen Kardinal Faulhaber die Abschlussmesse absagen musste.

1934 wurde Neuhäusler kurzfristig verhaftet. Trotzdem lieferte er laufend geheime Berichte, die von Josef Müller über Pater Leiber SJ an Papst Pius XII. gingen. Im Jahr 1936 organisierte Neuhäusler den geschlossenen Widerstand des gesamten Diözesanklerus gegen das polizeiliche Verbot eines Hirtenbriefes, in dem die bayerischen Bischöfe die Vertreibung der klösterlichen Lehrkräfte von allen Kanzeln herab verurteilten. Außerdem betrieb er 1937 die Verteilung von über 40.000 Exemplaren der päpstlichen Enzyklika »Mit brennender Sorge«.

Zu seiner Verwunderung wurde er erst am 4. Februar 1941 verhaftet, kam drei Monate in Einzelhaft ins Berliner Polizeigefängnis, am 24. Mai ins Konzentrationslager Sachsenhausen, wo 650 katholische Priester eingesperrt waren, und am 10. Juli 1941 ins KZ Dachau, wo er zusammen mit Pfarrer Michael Höck, Abt Corbinian Hofmeister und dem evangelischen Pastor Martin Niemöller, einem der Gründer der 1934 entstandenen »Bekennenden Kirche« innerhalb der evangelischen Kirche, als Sonderhäftling bis zu seiner Befreiung im Mai 1945 bleiben musste[208].

Eine wichtige Rolle im Widerstand des Domkapitels gegen das Regime spielte auch Dr. Johannes Zinkl (1892–1953). Der Volksschullehrer, 1927 zum Priester geweiht, wurde 1928 Landessekretär und später Direktor der katholischen Schulorganisation in Bayern, Schulreferent der Ordinariatsverwaltung und 1937 Domkapitular.

Nach dem von den Nationalsozialisten erzwungenen Abbau der klösterlichen Lehrkräfte an den öffentlichen Schulen waren die Konfessionsschule, der Religionsunterricht und die klösterlichen Schulen sowie die religiöse Erziehung die Hauptangriffsziele des NS-Regimes. Zinkl leitete damals »die Arbeitsgemeinschaft katholischer Klöster in Bayern« und den Widerstand gegen die Klosterrepression und die Verfolgung der bayerischen Klöster. Immerhin wurden von 1940 bis 1942 mehr als 300 Klöster enteignet und beschlagnahmt. Zinkl arbeitete bei seinen Widerstandsaktionen eng mit dem Klosteranwalt und ehemaligen BVP-Vorsitzenden Fritz Schäffer zusammen. Am 4. Mai 1941 wurde Zinkl aus Bayern ausgewiesen und musste München innerhalb von 24 Stunden verlassen[209].

208 **AEM**: PD 2461: dicker Personalakt; Dietrich **Mittler**, Johannes Neuhäusler, in: Arbeitsgemeinschaft zur Erforschung der Dachauer Zeitgeschichte (ohne Ort und Datum); ferner: Johannes **Neuhäusler**, Zeugen der Wahrheit, Kämpfer des Rechts gegen den Nationalsozialismus, München 1947. • 209 Hans-Jörg **Nesner**, Das Metropolitankapitel in München (seit 1821), in: Georg **Schwaiger** (Hg.), Monachium Sacrum, München 1994, S. 479–636, hier S. 560.

Als größte Gruppe der weltlichen Geistlichen mussten mit 89 die Kapläne, Kooperatoren und Katecheten, also die junge, vielfach nach 1905 geborene Geistlichkeit besonders leiden. Sie machten ca. 41 % der verfolgten katholischen Geistlichen in der Stadt aus. Hierzu kamen 27 Stadtpfarrer und sechs Pfarrkuraten. Um eine Relation herzustellen, ist es wichtig, den Schematismus heranzuziehen. Demnach gab es im Jahr 1935 in München 42 Stadtpfarreien und eine Militärpfarrei, sowie 15 Pfarrkuratien und im Jahr 1939, nach der Eingemeindung von Pasing, Feldmoching, Großhadern, Allach, Ludwigsfeld, Ober- und Untermenzing sowie Solln[210], 50 Stadtpfarreien und 15 Pfarrkuratien.

Von den Stadtpfarreien wurden sechs von Orden betreut, und zwar St. Bonifaz von den Benediktinern, St. Anton und St. Josef von den Kapuzinern, St. Anna im Lehel und St. Gabriel von den Franziskanern und St. Theresia von den Karmelitern, die alle auch von Verfolgungsmaßnahmen betroffen waren. Sie werden in einem weiteren Kapitel behandelt und sind noch zusätzlich zum bedrängten weltlichen Pfarrklerus zu zählen.

Von den von diesem Klerus seelsorgerisch betreuten verbleibenden 36 bzw. 44 Stadtpfarreien gerieten nach den obigen Zahlen 63,3 % bzw. 52,3 % der Stadtpfarrer und 40 % der Pfarrkuraten Münchens mit dem Regime in Konflikt. Eine relativ hohe Zahl stellten mit 21 auch die geistlichen Studienräte und Religionslehrer. So wurden von den sechs

210 **Hartmann**, Münchens Weg (wie Anm. 1), S. 243, 244.

Stadtpfarrer von München-St. Margaret, Paul Meisel, geb. 1897

Geistlichen der renommierten vier Münchener Humanistischen Gymnasien immerhin vier (=60 %) Verfolgungsmaßnahmen des Regimes ausgesetzt[211].

Unter den Stadtpfarrern traf es besonders den von St. Andreas, Dr. rer. pol. Emil Muhler, geb. 1892 und den von St. Pius und später von München-St. Margaret, Paul Meisel, geb. 1897. Emil Muhler, wie nicht wenige der von Verfolgungsmaßnahmen betroffenen Geistlichen Mitglied einer katholischen Verbindung (hier Langobardia im CV), promovierte in Volkswirtschaft, wurde 1924 Stadtpfarrer

211 Zur Zahl der Stadtpfarreien, Stadtkuratien, Studienräte und anderer geistlicher Stellen siehe den Schematismus der Geistlichkeit des Erzbistums München und Freising für das Jahr 1935 und für das Jahr 1939 (München 1935 und München 1939).

Stadtpfarrer Dr. rer. pol. Emil Muhler, geb. 1892

von St. Andreas in der Münchener Isarvorstadt, einem Arbeiterviertel. Er war Mitglied der BVP und Stadtrat.

Schon im Jahr 1933 wurde dem sozial engagierten Geistlichen Zusammenarbeit mit kommunistischen Mitgliedern seiner Pfarrgemeinde vorgeworfen, und er kam deshalb nach fünf Verwarnungen durch den Münchener Polizeipräsidenten vom 29.11.1933 bis zum 24.1.1934 in Schutzhaft. Vom Sondergericht beim Landgericht München I wurde er zu vier Monaten Gefängnis verurteilt, die er in Landsberg am Lech verbüßte. Nach seiner Entlassung kritisierte er weiterhin öffentlich das NS-Regime, und dies trotz Ermahnungen des Generalvikars und Kardinal Faulhabers zur Mäßigung. Wegen seiner regimekritischen Haltung wurde er vom 2.4.1940 bis zum 31.12.1940 ins berüchtigte Wittelsbacher Palais in München in Schutzhaft genommen.

Außerdem schloss man den früheren Offizier, Ehrenmitglied des Veteranen- und Kriegervereins und Mitglied des Offiziersbundes aus beiden aus. Da der mutige Pfarrer sich nach seiner Entlassung weiterhin gegen den Nationalsozialismus engagierte, wurde er vom 18.9.1944 bis zum 27.4.1945 ins KZ Dachau gesperrt und konnte schließlich beim Evakuierungsmarsch fliehen[212].

Paul Meisel, geb. 1897, Pfarrkurat, von 1931 bis 1942 Stadtpfarrer in München-St. Pius und ab 1942 Stadtpfarrer in St. Margaret in München, erhielt als strikter Gegner des Nationalsozialismus 12 Verwarnungen durch die Gestapo, eine Geldstrafe und wurde 1939 immerhin 50 bis 60 Stunden lang durch die Gestapo verhört wegen Kritik an einem SS-Befehl. Ferner klagte man ihn wegen eines Ausflugs mit der Katholischen Jugend an. Vom 6.3.1940 bis zum 13.5.1940 kam er in Gestapohaft und anschließend bis 3. Oktober 1940 ins KZ Dachau[213]. Er selbst berichtet zu seinem KZ-Aufenthalt: »in Dachau vom 13. Mai bis 3. Oktober 1940, Einzelhaft, strengste Behandlung, sogar das Brevier und der Rosenkranz wurde abgenommen, nach 66 Tagen durfte ich zum 1. Mal 1 Stunde ins Freie. Beschäftigung keine«[214].

---

212 **AEM**, Ordinariat, Fragebogen A, Buchstaben M-Z, Karton 12, fol. 677; **Frei**, Nationalsozialistische Verfolgungen (wie Anm. 193), S. 461; Johann **Pörnbacher**, Muhler, Emil, in: NDB, Bd. 18, Berlin 1997, S. 572; laut **AEM**: PD 2437 und gemäß den Schematismen 1939–1946 blieb Muhler Pfarrer von St. Andreas, und war nicht, wie Frei schreibt, Pfarrer von St. Ludwig. • 213 **AEM**, Ordinariat, Fragebogen A, Buchstaben M-Z, Karton 12; **Frei**, Nationalsozialistische Verfolgungen (wie Anm. 193), S. 458. • 214 **AEM**, Ordinariat, Fragebogen A, Buchstabe M, Karton 12, fol. 639.

Weniger hart waren die Verfolgungsmaßnahmen der Nationalsozialisten gegen den Stadtpfarrer von München St. Paul, Joseph Schrallhammer, geb. 1881. Immerhin wurde er wiederholt von der Gestapo vorgeladen und verwarnt wegen eines Pfarrhilfswerkes, einer Pfarrwallfahrt nach Maria Eich, wegen geistlicher Führung von Neudeutschland (katholische Jugendbewegung) und Kontakt zur Widerstandsbewegung »Weiße Rose«. Ferner lief gegen Pfarrer Schrallhammer eine gerichtliche Untersuchung »wegen Unterstützung eines Juden« mit Lebensmitteln und kleinen Geldbeträgen. Die Gestapo führte mehrere Haussuchungen durch. Am 6. Januar 1942 wurde er schließlich festgenommen und bis 14. Januar des gleichen Jahres in Schutzhaft eingesperrt[215].

Auch in München lebende Ruhestandspfarrer, die weiter in der Seelsorge tätig waren und predigten, traf es schwer, etwa Pfarrer i. R. Hugo Koller, geb. 1879, der am 4. September 1941 wegen eines Vergehens gegen das Heimtückegesetz »aufgrund kritischer Äußerungen über den Krieg, Hitler und Göring« angezeigt worden war. Am 11. Dezember wurde er ins Gerichtsgefängnis München eingeliefert und am 9. April 1942 zu zehn Monaten Gefängnisstrafe verurteilt, die er vom 9. April bis 12. Oktober 1942 in München-Stadelheim absitzen musste[216].

Der in München wohnende Pfarrer i. R. Erich Selzle wurde am 22. Mai 1937 ebenfalls wegen des Vergehens gegen

---

215 **AEM**, Ordinariat, Fragebögen A, Karton 17 [S], fol. 869; **Frei**, Nationalsozialistische Verfolgungen (wie Anm. 193), S. 476. • 216 **Keil**, Priester (wie Anm. 194), S. 522.

Polizeioberpfarrer Dr. Josef Schneider

das Heimtückegesetz angezeigt, und zwar wegen »kritischer politischer Äußerungen« und »des wiederholten Erzählens von politischen Witzen«. Am 29. Dezember 1937 erfolgte ein Haftbefehl, der am 4. Januar 1938 aufgehoben wurde und am 5. Januar 1938 in einen Schutzhaftbefehl der Gestapo Stuttgart umgewandelt wurde. Nach neun Monaten Schutzhaft überführte man ihn am 3. Juni 1939 ins KZ Dachau und im Dezember 1939 ins KZ Mauthausen. Nach einer Verurteilung von einem Jahr Gefängnisstrafe überstellte man Selzle zurück ins KZ Mauthausen[217].

Wenig gut erging es auch dem Heeresoberpfarrer Michael Aniser, geb. 1891, der 1936 in München abgesetzt wurde[218] und

217 **Ebd.**, S. 544. • 218 **Frei**, Nationalsozialistische Verfolgungen (wie Anm. 193), S. 410, 411.

dem Polizeioberpfarrer Dr. Josef Schneider, der 1935 in den Ruhestand versetzt wurde. Man nahm ihn am 31. März 1938 fest und er blieb bis zum 1. Oktober des Jahres im Gefängnis, wurde jedoch nach seiner Entlassung sofort wieder verhaftet, um dann am 29. Januar 1940 wegen schwerer Erkrankung endgültig freigelassen zu werden[219].

Im Folgenden seien noch einige Beispiele unter den vielen von Verfolgungsmaßnahmen betroffenen Kaplänen und Katecheten gebracht. Wegen der großen Fluktuation ist es nicht leicht, deren genaue Zahl zu ermitteln. Es soll jedenfalls vermieden werden, dass die gleiche Person, die in mehreren Pfarreien tätig war, hier mehrmals gezählt wird. In anderen Aufstellungen werden noch zusätzliche Kapläne aufgeführt, so der 1946 nicht mehr lebende, weil hingerichtete Dr. Wehrle, aber auch noch ca. 15 weitere. So kann man davon ausgehen, dass neben den etwa 20 Pfarrkooperatoren und Katecheten der sechs Ordenspfarreien, die bei den verfolgten Ordenspriestern eigens behandelt werden, noch mehr als ein Dutzend, zusammen mit den Domvikaren ca. 20 zu berücksichtigen sind, insgesamt also etwa 90.

Unter den zahlreichen Kaplänen, die unter Maßnahmen des Regimes gelitten haben, seien hier zunächst die Kapläne Dr. Wehrle und Oskar Thaler behandelt. Dr. Hermann Wehrle, ein strikter Gegner der Nationalsozialisten, geboren 1899, war vor seinem Priestertum Handels- und Realschullehrer und Dr. phil. Er wurde 1942 zum Priester geweiht und Kaplan in Hl. Blut in Bogenhausen, einer

219 **Ebd.**, S. 475.

Kaplan Dr. Hermann Wehrle

Pfarrei, aus der mehrere Widerstandskämpfer hingerichtet wurden. Am 13. Dezember 1943 bat Ludwig Freiherr von Leonrod um einen Beichtrat, ob das Wissen um die Vorbereitung eines Attentatsplanes eine Sünde sei. Wehrle verneinte dies unter Heranziehung des Lexikons für Theologie und Kirche zur Frage des Tyrannenmordes. Unter Foltereinwirkung von Leonrod als Beichtvater verraten, verhaftete man am 18. August 1944 Wehrle als Mitwisser des Attentats vom 20. Juli 1944 in München-Bogenhausen. Am 14. September 1944 wurde er von Roland Freisler zum Tode verurteilt und noch am selben Tag in Berlin-Plötzensee erhängt. Man verstreute seine Asche, um jedes Andenken zu löschen. Seine letzten Worte waren: »Ich bin eben zum Tode verurteilt. Welch schöner Tag – heute Kreuzerhöhung«[220].

Auch die beiden unter Pfarrer Muhler in St. Andreas tätigen Kapläne erlitten Verfolgungsmaßnahmen. Bei Kaplan Oskar Thaler, geboren 1905, wurde das Haus durchsucht und die Mitgliederkartei der Marianischen Kongregation beschlagnahmt. Vom 29.11.1933 bis 24.1.1934 kam er in Schutzhaft, dann wurde er zu einer Gerichtsverhandlung geladen und zu drei Monaten Gefängnis in München-Stadelheim »wegen Greuelpropaganda« verurteilt[221].

Thaler selbst schreibt dazu: »Die Verhaftung erfolgte nicht beim Verhör, sondern am 29. November 1933 abends im Wittelsbacherpalais München, als ich meinem bereits verhafteten Pfarrer Dr. Muhler einige notwendige Gegenstände bringen wollte ... Die Behandlung in Schutzhaft und Strafhaft war gut. Es handelte sich um altes gut geschultes Gefängnispersonal. Verwalter Habermaier hat während der Schutzhaft tägliche Zelebration ermöglicht und selbst teilweise ministriert. An Ostern wartete er mit einer ansehnlichen Platte geweihter Speisen auf ...«[222]. Während Thaler drei Monate erhielt, wurde der Domvikar Josef Thalhammer, geb. 1900, zu mehreren Wochen Haft »wegen kirchlicher Trauung ohne ausdrückliche Erlaubnis der Partei« verurteilt[223].

220 **Moll** (Hg.), Zeugen für Christus (wie Anm. 24), Bd. 1, S. 472–473; Franz J. **Morschhäuser**, Hermann Joseph Wehrle (1899–1944). Glaube in bedrängter Zeit, St. Ottilien 2000. • 221 **Frei**, Nationalsozialistische Verfolgungen (wie Anm. 193), S. 480. • 222 **AEM**, Ordinariat, Fragebogen A, Buchstabe T, fol. 978, Ergänzungsblatt. • 223 **Frei**, Nationalsozialistische Verfolgungen (wie Anm. 193), S. 480.

Karl Gruber, geb. 1911
Kaplan von München St. Maximilian

Karl Schuster, geb. 1905,
Kaplan in München St. Georg

Lange Gefängnishaft musste auch Karl Schuster, geb. 1905, Kaplan in München St. Georg, vorher in St. Johann Baptist, erleiden. 1938 und 1939 wurde seine Wohnung durchsucht. Vom 12.8.1939 bis zum 12.11.1939 kam er in Haft ins Wittelsbacher Palais, anschließend bis 7.1.1940 nach Stadelheim, dann bis 1945 in verschiedene Gefängnisse Münchens und ins Zuchthaus Straubing. Diese Haftstrafen erhielt er wegen seiner Beziehung zum monarchistischen Kreis um Margarethe von Stengel, 1944 wurde er wegen Vorbereitung zum Hochverrat zu mehreren Jahren Haft unter Aberkennung der bürgerlichen Ehrenrechte verurteilt[224].

224 **Ebd.**, S. 476, 477; von **Hehl**, Priester (wie Anm. 24), S. 979.

Josef Wiedholz, geb. 1910, Kaplan in München Herz Jesu

In Schutzhaft kam auch der Kaplan von München St. Maximilian, Karl Gruber[225], geb. 1911, ins Gefängnis der Kaplan von München St. Martin/Moosach, Max Senninger, geb. 1909, wegen »Vorbereitung zum Hochverrat und politischer Parteienbildung« (Beziehung zum Heimat- und Königsbund)[226].

Zu erwähnen wäre auch Josef Wiedholz, geb. 1910, der 1936 Kaplan in München Herz-Jesu, 1938 Katechet in München St. Benno und 1944 Kaplan in München St. Clemens war. Wiedholz wurde mehrmals durch die Gestapo wegen Äußerungen in der Schule verwarnt. 1937/38 ermittelte das

225 Von **Hehl**, Priester (wie Anm. 24), S. 929. • 226 **Frei**, Nationalsozialistische Verfolgungen (wie Anm. 193), S. 470; **AEM**, Ordinariat Fragebogen A, Buchstabe S, Karton 17.

Sondergericht München gegen ihn wegen Vereinsgesetzübertretung. Außerdem nahm ihn im Juni 1943 die Polizei fest und es folgten ein halbes Jahr Gestapohaft und Schutzhaft. Im Juli 1943 kam wieder eine gerichtliche Untersuchung vor dem Sondergericht wegen Verstoßes gegen das Heimtückegesetz. Sein Beichtstuhl wurde überwacht, indem man Scheinbeichtkinder einsetzte, die versuchten, ihn in politische Gespräche zu verwickeln[227].

Ähnlich erging es auch dem strikt antinationalsozialistisch eingestellten Georg Sollacher, geb. 1905, Katechet in München St. Benno von 1930 bis 1934. Schon 1933 wurde seine Wohnung von der Gestapo durchsucht und am 28.11.1933 nahm ihn die Gestapo fest. Heydrich verhängte zwei Monate Schutzhaft im Wittelsbacher Palais und in Stadelheim. Am 9.1.1934 erhob die Staatsanwaltschaft Anklage wegen angeblicher »Verbreitung von Greuelpropaganda über die Behandlung von Gefangenen im KZ Dachau« vor dem Sondergericht München und er wurde zu fünf Monaten Gefängnis verurteilt und am 24.6.1934 aus München-Stadelheim entlassen. Später wurde er verwarnt und mit Unterrichtsverbot bestraft[228].

Weniger hart traf es den Katecheten von München St. Pius (später Benefiziat in St. Ludwig), Johannes Hausladen, der das CV-Archiv verwaltet hatte. Er wurde von der Gestapo verhört, die Gestapo durchsuchte seine Wohnung und beschlagnahmte die CV-Akten und die bei ihm lagern-

227 **Frei**, Nationalsozialistische Verfolgungen (wie Anm. 193), S. 484, 485.
228 **Frei**, Nationalsozialistische Verfolgungen (wie Anm. 193), S. 471; von **Hehl**, Priester (wie Anm. 24), S. 982.

Schriftleiter der Münchener Kirchenzeitung, Pfarrer Michael Höck

den Möbel des 1936 verlorengegangenen Verbindungshauses der Ende 1936 aufgelösten Aenania im CV in der Schellingstraße. Später wurde er noch verhört, weil er eine Nichtarierin beschäftigt hatte[229].

Schwer hatten es auch nicht wenige Priester, die als Chefredakteure, Herausgeber kirchlicher Presseorgane oder als Präsiden katholischer Vereine oder Vereinigungen in München tätig waren. Als wichtiges Beispiel sei zunächst der Schriftleiter der Münchener Kirchenzeitung, Pfarrer Michael Höck, behandelt.

Höck, geboren 1903, wurde 1934 Schriftleiter der »Münchener katholischen Kirchenzeitung«. Er war ein engagier-

229 **AEM**, Ordinariat, Fragebogen A, Buchstabe H, Karton 8, fol. 359; **Frei**, Nationalsozialistische Verfolgungen (wie Anm. 193), S. 435.

ter Gegner des NS-Regimes und versuchte immer wieder, zwischen den Zeilen seine Kritik zu artikulieren, sodass ab 1935 einzelne Ausgaben der Kirchenzeitung beschlagnahmt wurden. Schließlich entzog ihm das Regime die Zulassung als Schriftleiter der Kirchenzeitung, für die er trotzdem tätig blieb. Sie wurde dann 1940 endgültig verboten. Dem mutigen Kirchenjournalisten wurde 1940 der Prozess gemacht, er wurde jedoch freigesprochen. Im Jahr 1941 verhaftete ihn die Gestapo in München. Nach einer Woche dort war er in Berlin unter harten Bedingungen eingesperrt. Religiöse Betätigung und gar das Zelebrieren der Messe wurden ihm dort nicht erlaubt. Aus kirchenpolitischen Gründen erließ die Gestapo hierauf einen Schutzhaftbefehl. »Unter harter allgemeiner Behandlung« wurde er vom 25. Juni bis 11. Juli 1941 ins KZ Sachsenhausen gebracht und vom 11. Juli 1941 bis 5. April 1945 im KZ Dachau interniert, und zwar zusammen mit Neuhäusler, Abt Hofmeister und Pastor Niemöller in Sonderhaft[230].

Der 1890 geborene Priester Georg Moenius, der die antinationalsozialistische Wochenzeitschrift »Allgemeine Rundschau« bis 1933 herausgab, emigrierte schon Ende Februar dieses Jahres wegen drohender Repressalien in die Schweiz[231]. Am 8. Mai 1933 wurde der Verbandspräsident der Katholischen Arbeitervereine, Carl Walterbach, geboren 1870, festgenommen, ferner wurde seine Wohnung

230 **AEM**, Ordinariat, Fragebogen A, Nationalsozialistische Verfolgung katholischer Geistlicher, Karton 8, Buchstabe H, fol. 404; **Frei**, Nationalsozialistische Verfolgungen (wie Anm. 193), S. 437, 438; **Keil**, Priester (wie Anm. 194), S. 516. • 231 Von **Hehl**, Priester (wie Anm. 24), S. 959.

durch die Gestapo durchsucht. Er blieb bis September 1933 in Schutzhaft und bis Oktober 1934 in Untersuchungshaft. Nach der Anklageerhebung wurde er freigesprochen. Trotzdem blieb er monatelang unter Aufsicht der Polizei[232].

Besonders hart traf es, um ein weiteres Beispiel zu nennen, den Verbandspräses Leopold Schwarz, geboren 1897. Als Folge seiner Tätigkeit als Verbandspräses der süddeutschen Arbeiter- und Arbeiterinnenvereine in München litt der Geistliche unter folgenden Maßnahmen des NS-Regimes: 60 Vorladungen, Verwarnungen und Drohungen der Gestapo München, zwei Verhöre durch die Gestapo Berlin, vier Hausdurchsuchungen durch die Polizei, viermaliges Verbot der von Schwarz herausgegebenen Zeitschrift, Beschlagnahmungen, Überwachung des Post- und Telefonverkehrs und seiner Vorträge und Reisen, eine öffentliche Todesdrohung sowie Androhung »öffentlicher Auspeitschung«. Am 26.4.1945 Verhaftung durch SS-Mitglieder und Festsetzung der Erschießung auf 17.00 Uhr. Um 16.45 Uhr wurde er schließlich durch den Einmarsch amerikanischer Truppen gerettet[233].

Als zuständiges Erzbistum hatte München-Freising u. a. über die Stadtpfarrei Dachau Kontakte zu den im KZ Dachau inhaftierten Priestern. Von 1938 bis 1945 waren dort 2.700 Geistliche, davon 2.579 katholische Priester, inhaftiert und in den Priesterblöcken untergebracht. 411 kamen aus Deutschland, 153 aus Frankreich, die meisten aus Polen, 141 Geistliche waren Orthodoxe und Protestanten. 1.034

232 **Ebd.**, S. 989; **Frei**, Nationalsozialistische Verfolgungen (wie Anm. 193), S. 482. • 233 Von **Hehl**, Priester (wie Anm. 24), S. 979.

Geistliche kamen um, davon wurden ca. 400 in die Gaskammern in Hartheim bei Linz zur Vergasung gebracht[234].

Thomas Forstner zeigt, dass es in Deutschland extrem wenige katholische Priester mit Sympathien für den Nationalsozialismus gab. Er kommt auf 138 »braune Priester« von insgesamt 40.000 in ganz Deutschland oder 0,35 % und auf nur 0,02 % NSDAP-Mitglieder. Sehr oft beendeten diese aber mit dem Parteieintritt ihre kirchliche Laufbahn und gaben ihr Priestertum auf[235]. Ähnlich gering war der Anklang, den die NSDAP bei den katholischen Priestern in der »Hauptstadt der Bewegung« fand.

Als Sympathisanten galten nur der zeitweilig wegen seiner Nazifreundlichkeit vom Priestertum suspendierte, aus Böhmen emigrierte ehemalige Abt Alban Schachleiter, der sogar auf dem Reichsparteitag erschien, und der ehemalige Jesuitenpater Bernhard Stempfle, ein früher Freund, Informant und Berater Hitlers, der dessen Buch »Mein Kampf« stilistisch überarbeitete, sich allerdings später von Hitler und dem Nationalsozialismus abwandte und deshalb 1934 beim Röhmputsch ermordet wurde[236].

Der allgemeine, intensive Kulturkampf des Regimes richtete sich auch in starkem Maße gegen die in München

---

234 Günther **Kimmel**, Das Konzentrationslager Dachau. Eine Studie zu den nationalsozialistischen Gewaltverbrechen, in: Martin **Broszat**/Elke **Fröhlich** (Hg.), Bayern in der NS-Zeit, Bd. 2, München und Wien 1979, bes. S. 375–377. • 235 Thomas **Forstner**, Priester in Zeiten des Umbruchs. Identität und Lebenswelt des katholischen Pfarrklerus in Oberbayern 1918 bis 1945, Göttingen 2014, S. 419. • 236 Roman **Bleistein**, Abt Alban Schachleiter OSB. Zwischen Kirchentreue und Hitlerkult, in: HJb 115 (1995), S. 170–187; David C. **Large**, Hitlers München (wie Anm. 11), S. 199f., 253, 329.

wirkenden Ordenspriester und Ordensleute, wobei die besonders betroffenen Jesuiten in einem eigenen Unterkapitel behandelt werden.

Ordenspriester

München war laut Schematismus immerhin Sitz von vier Ordensprovinzialaten, d. h. überregional zuständigen Leitungen von Männerorden. Neben dem Provinzial der Oberdeutschen Jesuitenprovinz, Pater Dr. Franz Xaver Hayler residierten der Provinzial der Franziskaner, Pater Dr. Polykarp Schmoll, der Provinzial der Redemptoristen, Pater Karl Schleinkofer und der Provinzial der Salesianer, Pater Dr. Franz Xaver Niedermayer, in München, das damals eine Art deutsches Rom bildete[237]. Daneben wirkten in München auch die Benediktiner in St. Bonifaz, die Karmeliter in St. Theresia, die Kapuziner in St. Anton und St. Josef, die Passionisten, die Dominikaner und andere, insgesamt Mitglieder von 11 Orden[238].

Ähnlich wie der weltliche Klerus war auch der Ordensklerus vielseitigen Repressionsmaßnahmen des Regimes ausgesetzt. Wenn man die Aufstellungen von Hehls zur Grundlage nimmt, waren 76 Ordenspriester betroffen, darunter 40 Jesuiten, die, wie erwähnt, in einem eigenen Kapitel behandelt werden.

---

237 **Schematismus** für das Jahr 1935, S. XXVI. • 238 **Schematismus** für das Jahr 1935 (wie Anm. 236), da und dort.

Pater Dr. (Eduard) Ulrich Schmidt

Von den übrigen 36 Ordenspriestern kamen jeweils neun Patres der Franziskaner und der Kapuziner in Konflikt mit dem Regime. Unter den Franziskanern, welche die Stadtpfarreien St. Anna im Lehel und St. Gabriel betreuten, betraf es besonders Pater Dr. (Eduard) Ulrich Schmidt wegen Vergehens gegen das Heimtückegesetz. 1939 wurde er zu einer Gefängnisstrafe von einem Jahr und vier Monaten verurteilt, denn er habe »niederträchtige Verleumdungen« verbreitet[239]. Der Kapuzinerpater Anton Herrmann (Pater Johannes Nepomuk), geboren 1912, tätig in St. Joseph, wurde am 9.1.1940 von der Gestapo vorgeladen, wegen »wehrkraftzersetzender Äußerungen« im Beichtstuhl verhaftet und bis zum 5.3.1940 eingesperrt[240].

239 Von **Hehl**, Priester (wie Anm. 24), S. 976. • 240 **Ebd.**, S. 933.

Bei den Kapuzinern wurde ferner Josef Freytag (Pater Konstantin), Vikar in St. Joseph und St. Anton, 1935 wegen Predigten festgenommen und später mehrmals verhört und verwarnt[241]. Ferner bekam Otto Fries (Pater Cornelius) von München St. Anton große Schwierigkeiten, da er Gelder, die für die Mission in Chile gesammelt worden waren, dorthin weitergab. Deshalb wurde er 1936 wegen Devisenvergehens vor Gericht gestellt und zu sechs Monaten Haft und 20.000 RM (Reichsmark) Geldstrafe verurteilt, 1937 zu weiteren 60.000 RM »wegen Devisenvergehens«. Außerdem erhielt er eine Anzeige wegen Predigtäußerungen[242].

Der Kapuzinerpater Beda Kuhnle, geboren 1906, Honorarkatechet in München St. Joseph, wurde am 19.6.1937 durch die Gestapo verhaftet wegen kritischer Predigtäußerungen gegen Propagandaminister Goebbels. Er wurde für längere Zeit in Schutzhaft genommen und zahlreichen Verhören unterzogen[243]. Auch der Leiter der Stadtpfarrei von St. Joseph, Stadtpfarrvikar Joseph Reitmaier (Pater Joachim) litt unter mehreren Verwarnungen, einer Hausdurchsuchung und der Beschlagnahmung von 10.000 RM Ordensgeldern[244]. Der Kapuzinerpater von St. Anton, Ignaz Dossenbach (Pater Maximilian), wurde 1934 vorgeladen und verwarnt wegen einer »heimtückischen Volksmissionspredigt«. Am 13.7.1940 nahm ihn die Gestapo wegen Vergehens gegen das Heimtückegesetz, das Pressegesetz und die Kriegswirtschaftsverordnung fest, hielt ihn bis zum 22.7.1940 in Schutzhaft und verpasste ihm eine Geldstrafe[245].

---

241 **Ebd.**, S. 922. • 242 **Ebd.** • 243 **Ebd.**, S. 949. • 244 **Ebd.**, S. 970.
245 **Ebd.**, S. 915.

Stadtpfarrvikar von München St. Theresia, Richard Naegele (Pater Beda)

Unter den Karmelitern traf es besonders den Stadtpfarrvikar von München St. Theresia, Richard Naegele (Pater Beda). Er wurde 1934 verhört und verwarnt wegen Predigtäußerungen und Nichtbeflaggung von Kirche und Kloster mit der Hakenkreuzfahne. 1935 wurden vom Kloster verfasste Druckschriften beschlagnahmt. Außerdem überwachte die Polizei die Post. Vom 12.8.1939 bis 5.4.1940 kam er durch die Gestapo in Schutzhaft »wegen Verdachts monarchistischer Gesinnung und Vorbereitung zum Hochverrat« und am 20.6.1941 erhielt der Pater Unterrichtsverbot[246].

Auch bei den Benediktinern in St. Bonifaz gab es Schwierigkeiten mit dem Regime. So wurde der Stadtpfarrverweser

246 **Ebd.**, S. 962.

und Stadtdekan, Pater Ludger Rid, im Auftrag des Regierungspräsidenten überwacht[247]. Ferner wurde der Stiftsbibliothekar und Brüdermagister in St. Bonifaz, Pater Benedikt Herrmann OSB, durch die Gestapo mehrfach verhört und in einem Ermittlungsverfahren wegen angeblicher Sittlichkeitsvergehen für einige Tage in Schutzhaft genommen. Das Verfahren wurde allerdings mangels Beweisen eingestellt[248]. Es ist interessant, dass dieser Vorwurf eines Sittlichkeitsvergehens bei den ca. 250 vom Regime verfolgten katholischen Geistlichen nur zwei- oder dreimal kommt, ohne dass jemand deshalb verurteilt worden wäre[249].

Frauenorden

Neben den Männerorden wurden auch die Frauenorden bedrängt. Das Angerkloster war sogar das Mutterkloster und Sitz des Generalrats der Armen Schulschwestern, der 1957 nach Rom verlegt wurde[250]. Laut »Schematismus der Geistlichkeit des Erzbistums München und Freising für das Jahr 1938«[251] gab es damals in München eine große Zahl von Frauenklöstern und klösterlichen Instituten.

Die Barmherzigen Schwestern vom hl. Vinzenz von Paul hatten in München in der Nußbaumstrasse ihr Mutterhaus mit zahlreichen Niederlassungen in Kliniken, Stiften, Altersheimen, ambulanten Krankenpflegestationen usw.

247 **Ebd.**, S. 970. • 248 **Ebd.**, S. 933. • 249 **Ebd.**, da und dort. • 250 Georg **Schwaiger** (Hg.), Mönchtum, Orden, Klöster. Ein Lexikon, München 1993 [1998], S. 408, 409. • 251 München 1938.

mit mehreren hundert Schwestern, z. B. im Drittordenshaus in Berg am Laim mit 123, der Dermatologischen Klinik mit 45 Schwestern, der Universitätsfrauenklinik mit 69 Schwestern und der Orthopädischen Klinik in Harlaching mit 51 Schwestern. Generaloberin war Mater Desideria Weihmayr, geb. 1864. Andere Orden, wie die Dominikanerinnen, Karmelitinnen, Salesianerinnen, Servitinnen hatten in München nur kleine Niederlassungen[252].

Ihr Provinzmutterhaus hatten hingegen die Englischen Fräulein in München-Nymphenburg mit Kindergarten, Mädchenhort, Mädchen-Volksschule, Mädchen-Mittelschule, Mädchenlyzeum mit Realgymnasium mit fast 100 Matres und 77 Schwestern. Als Provinzial-Oberin fungierte Mater M. Isabella Wild, Generaloberin a. D. Außerdem betrieb der Orden noch fünf weitere Niederlassungen in München[253]. Während die Ordensfrauen vom Heiligsten Herzen Jesu nur eine kleinere Filiale in München unterhielten, hatten die Frauen vom Guten Hirten die Provinzial-Oberin M. Bernarda Welsch sowie 37 Chorschwestern, 37 Laienschwestern und neun Pfortenschwestern in der bayerischen Landeshauptstadt.

Das weltweit wirkende Ordensgeneralat der Armen Schulschwestern mit dem Hauptmutterkloster bei St. Jakob am Anger mit Noviziat, Ordenskandidatur, Zöglingsinternat unterhielt folgende Schulen, nämlich ein Mädchenlyzeum und humanistisches Mädchengymnasium, die klösterliche Aufbauschule (3. mit 6. Klasse), einen Kindergarten,

252 **Schematismus** 1938, S. 141–143, 150–154. • 253 **Ebd.**, S. 153 f.

die Haustöchterschule mit der Generaloberin M. Almeda Schriezer, geboren 1879, und der Mutterhaus-Oberin M. Innozens Allescher mit 155 Schwestern, 95 Novizinnen und 140 Kandidatinnen, befand sich damals in München[254].

Ferner hatten zahlreiche Frauenorden, wie die St.-Maria-Stern-Schwestern, die Dillinger, die Mallersdorfer, die Niederbronner Schwestern, die Töchter des allerheiligsten Erlösers u. a. zahlreiche Niederlassungen in München[255]. Das erste Mutterhaus der Schwesternvereinigung der Krankenfürsorge des Dritten Ordens in Bayern befand sich ebenfalls in München[256].

Inwieweit all diese Ordensschwestern in München Widerstand leisteten und von Repressionsmaßnahmen betroffen waren, müsste noch in einer größeren Forschungsarbeit untersucht werden. Es gibt nur einzelne Studien über die Geschichte der Orden, in denen auf die schwierige Zeit des Nationalsozialismus eingegangen wird oder Sammelwerksbeiträge. Aus Vorsicht hat man wenige Quellen aus der Zeit aufbewahrt. Ein gutes Beispiel ist die 2007 erschienene Schrift »175 Jahre Barmherzige Schwestern in Bayern 1832 bis 2007«. Demnach scheint zunächst, geschützt durch das Konkordat, die Konfrontation noch weitgehend vermieden worden zu sein. Aber die Nationalsozialisten verstießen in ihrer grundsätzlichen Gegnerschaft immer mehr gegen die Bestimmungen dieses Vertrages mit der Kirche.

254 **Ebd.**, S. 156–158. • 255 **Ebd.**, S. 164–171, 180–182, 183,186. • 256 **Ebd.**, S. 187 f.

Am 15. Februar 1938 wurde folgende geheime Anweisung des Reichssicherheitsdienstes erlassen: »Die Orden sind der militante Arm der katholischen Kirche. Sie müssen daher von ihren Einflussgebieten zurückgedrängt, eingeengt und schließlich vernichtet werden«. Zunächst wandte sich die Repression des Regimes gegen die Erziehungsorden. Sie wurden schon 1936/37 weitgehend aus dem Erziehungsbereich verdrängt[257].

Bald ging man aber auch gegen die Krankenschwestern der Orden vor. In München schränkte man z. B. die eigenständige Kostregie der Schwestern in den städtischen Krankenhäusern und in Münchener Privatkliniken ein. Man versuchte sie, allerdings mit mäßigem Erfolg, durch sogenannte »Braune Schwestern« zu ersetzen, durch »lebensbejahende neue Deutsche Schwestern«. Immerhin scheiterte der Versuch der Nationalsozialisten, die Barmherzigen Schwestern aus den Münchener Krankenhäusern zu vertreiben, weil in den Kliniken dieses qualifizierte Personal nötig gebraucht wurde. Schutz war allerdings nur noch solange gewährleistet, solange man auf die Ordensschwestern angewiesen war. Das Regime ergriff bald wirksame Maßnahmen, um den Ordensnachwuchs zu beschränken. Außerdem kam es zu Übergriffen auf das Ordensvermögen[258].

So wurde z. B. die Ordensniederlassung in Berg am Laim am 25.10.1941 zum großen Teil eine sogenannte »Heimanlage für Juden«, d. h. bis 1. März 1943 ein Sammellager vor

257 175 Jahre Barmherzige Schwestern in Bayern 1832 bis 2007, München 2007, S. 183–185. • 258 **Ebd.**, S. 187–197.

deren Deportation in die Vernichtungslager. Nach jüdischen Zeugnissen zeigten die verbliebenen Schwestern Hilfsbereitschaft und Anteilnahme trotz Überwachung. Zum Missfallen des Regimes blieben die Schwestern der Privatklinik des zwangsemeritierten Prof. Dr. Max Lebsche treu, der in seiner Maria-Theresia-Klinik auch Juden aufnahm und grundsätzlich bei Ordensleuten und Priestern kein Honorar verlangte. Deshalb bekam diese Klinik keine Lebensmittelkarten mehr zugeteilt. Aber die Schwestern fanden Mittel und Wege, um dem Regime zu trotzen. Sie schmuggelten nämlich aus den landwirtschaftlichen Betrieben Nahrungsmittel in die Klinik, einmal sogar ein ganzes geschlachtetes Schwein, das in einem Krankenwagen angeliefert wurde[259].

Die Armen Schulschwestern im Angerkloster mit ihren vielen Schulen waren den Nationalsozialisten ein Dorn im Auge. Deshalb wurden die klösterlichen Lehrerinnen stufenweise entfernt, durch weltliche Lehrer ersetzt und die Schulen ebenfalls stufenweise geschlossen. Mit dem Beginn des Schuljahres 1939/40 mussten das Lyzeum und die neugebildete Oberschule an die Stadt München übergeben und die Schulräume an sie vermietet werden. 1941 schaltete man die klösterlichen Lehrerinnen aus Schule und Heim völlig aus[260].

259 **Ebd.**, S. 197–201. Zu Lebsche: **AEM**: PD 2026, dort Klerusblatt 37. Jahr, Nr. 20, S. 339. • 260 Maria Therese **Barnikel**, Die Armen Schulschwestern von Unserer Lieben Frau, in: **Schwaiger** (Hg.), Das Erzbistum (wie Anm. 193) II, S. 590–609.

Josefa Maria Imma Mack,
Schulschwester aus dem Angerkloster

Eine ganz besondere Rolle spielte die Kandidatin der Armen Schulschwestern aus dem Angerkloster, Josefa Maria Imma Mack, die dort Handarbeitslehrerin werden wollte. Da sie als Schwesternschülerin damals kein Examen ablegen durfte, bekam die spätere Klosterschwester vorerst eine andere Aufgabe. Unter dem Decknamen »Mädi« diente sie unter großer Gefahr als geheime Botin, die jede Woche Blumen und Pflanzen in der KZ-Gärtnerei (Plantage) in Dachau kaufte und im Gegenzug jeweils für die vielen Priester, die in der Plantage arbeiteten, Messwein, Hostien und Briefe brachte sowie Hostien und Lebensmittel für die hungerleidenden polnischen und russischen Priester.

Die mutige junge Frau lieferte auch im Geheimen alles, was für die Priesterweihe des schwerkranken Diakons Karl Leisner (1915–1945) am 17. Dezember 1944 durch den französischen Bischof Gabriel Piguet nötig war. Der seit August 1944 im KZ inhaftierte französische Bischof erhielt auf diese Weise die notwendigen Ritualbücher, die Öle, eine Stola und das Erlaubnisschreiben Kardinal Faulhabers für die Weihe. Am 27. Dezember 1944 brachte Frau Mack per Fahrrad die Weihebestätigung und die Gegenstände wieder zum Kardinal zurück. Sie hat »unter großen Schwierigkeiten und Gefahren« vielen Priesterhäftlingen Trost und Hilfe gebracht[261].

Große Probleme bekamen auch die seit langem in München-Nymphenburg wirkenden Englischen Fräulein, die als wichtiger Schulorden tätig waren. Wie in ganz Bayern wurden auch in München diese Schulen teilweise aufgehoben, die Schwestern entlassen, die oberen Klassen ausquartiert, die Kreuze aus den Schulzimmern entfernt und in den Gebäuden der Englischen Fräulein ein Ausweichkrankenhaus der Stadt errichtet. Ferner beschlagnahmte man einen großen Teil des Nymphenburger Mutterhauses einschließlich der schönen Barockkirche. Diese räumten die Nationalsozialisten aus und gestalteten sie zu einem Jagdmuseum des Nazi-Granden Christian Weber um. Mehrere Schwestern wurden von der Gestapo verhört und die Oberin vorübergehend verhaftet[262].

---

261 Josefa Maria Imma **Mack**, Warum ich Azaleen liebe. Erinnerungen an meine Fahrten zur Plantage des KZ Dachau vom Mai 1944 – April 1945, St. Ottilien 1988, S. 23 – 85. • 262 Elisabeth von **Gagern**, Die Englischen Fräulein, in: **Schwaiger** (Hg.), Das Erzbistum (wie Anm. 193), II, S. 566 – 589, hier bes. S. 568, 570 – 583.

Widerstand der Jesuiten in München

Ein besonders engagierter Vertreter des katholisch-kirchlichen Widerstands gegen den Nationalsozialismus war ohne Zweifel der Jesuitenpater Rupert Mayer (1876–1945), der seit 1921 als Präses der viele tausend Mitglieder zählenden einflussreichen Marianischen Männerkongregation in München wirkte. Er galt als äußerst erfolgreicher »Männerapostel« der Stadt und trat als einer der frühen Gegner der Nationalsozialisten auf. Der »Völkische Beobachter« bezeichnete ihn schon im August 1923 als »Hetzredner im Priesterrock«. Der Pater nahm dann besonders seit 1935 in seinen stark besuchten Predigten in St. Michael in München und in ganz Bayern beherzt gegen das Regime Stellung und wurde deshalb am 7. Mai 1936 vom Staatsanwalt verwarnt, da er von Spitzeln angezeigt worden war[263].

Der im ersten Weltkrieg im Einsatz als Feldgeistlicher schwer verwundete Pater, Mitglied der CV-Verbindung Aenania und zwei anderer katholischer Korporationen, betreute 1936 und Anfang 1937 die Aenania in München seelsorgerisch und zelebrierte den letzten Gottesdienst mit Predigt im Februar 1937 nach Auflösung und vor dem späteren Verbot der Verbindung sowie dem Verkauf des Korporationshauses weit unter Preis in der Schellingstraße[264].

Pater Rupert Mayer erhielt im April 1937 Rede- und Predigtverbot. Da Kardinal Faulhaber heftig dagegen protes-

263 **Gritschneder**, Ich predige weiter (wie Anm. 31), S. 15–20; Roman **Bleistein**, Rupert Mayer (wie Anm. 31), S. 69–85. • 264 **Festschrift 150 Jahre** (wie Anm. 54), S. 203, 205, 414–416.

Pater Rupert Mayer, Gemälde von Peter Hirsch, Aenanenhaus

tierte und der Pater nicht bereit war, sich daran zu halten, wurde er am 5. Juni 1937 verhaftet und ins Gestapogefängnis gebracht. Obwohl man ihm anbot, ihn freizulassen, wenn er das Redeverbot einhalte, unterschrieb Pater Rupert Mayer am 9. Juni 1937 die Erklärung: »Ich erkläre, daß ich im Falle meiner Freilassung trotz des gegen mich verhängten Redeverbots... sowohl in den Kirchen Münchens als auch im übrigen Bayern, aus grundlegenden Erwägungen heraus, predigen werde«[265].

Hierauf erstattete die Gestapo offiziell Strafanzeige wegen seiner Äußerungen in Predigten zur Verteidigung der Konfessionsschulen und gegen die von den Nazis inszenierten Sittlichkeitsprozesse. Eine Haftbeschwerde wurde wegen »Wiederholungsgefahr« abgelehnt. Kardinal Faulhaber protestierte beim Reichskirchenminister, solidarisierte sich öffentlich mit Pater Rupert Mayer und bestand auf dessen Recht, das Wort Gottes zu verkünden. In seiner Predigt erklärte Faulhaber wörtlich: »Diese Verhaftung ist ein Zeichen, daß der Kulturkampf zur Vernichtung der katholischen Kirche in Deutschland in einen neuen Abschnitt eingetreten ist. Es naht die Entscheidung ... Es rauchen Flammenzeichen, und eines dieser Flammenzeichen ist die Verhaftung unseres Münchener Männerapostels«[266].

Dem Pater wurde wegen »Vergehens gegen das Heimtückegesetz und Kanzelmissbrauch« der Prozess gemacht und man verurteilte ihn zu sechs Monaten Gefängnis, denn er habe in neun Predigten »nur negative Kritik geübt und zwar in äußerst scharfer Form«. Er hat, so heißt es im Urteil weiter, »dem Staate Hinterhältigkeit (Predigt 3), Betrug (Pre-

265 **Gritschneder**, Ich predige weiter (wie Anm. 31), S. 50; **Bleistein**, Rupert Mayer (wie Anm. 31), S. 185–220. • 266 **Bleistein**, Rupert Mayer (wie Anm. 31), S. 223–244, 263–276; **Gritschneder**, Ich predige weiter (wie Anm. 31), S. 75–83, Zitat S. 80.

digt 4), Schonung verbrecherischer Anhänger (Predigt 7) ... vorgeworfen«. Da das Urteil nicht sofort vollstreckt wurde, begann Pater Rupert Mayer im Dezember 1937 wieder zu predigen, das Regime zu kritisieren und Rechte der Menschen und der Kirche einzufordern.

Hierauf wurde er am 5. Januar 1938 wegen Nichtbeachtung des Predigtverbots verhaftet. Da er im Gefängnis Stadelheim von gut katholischen Beamten bewacht wurde, von denen einer sogar bei des Paters täglicher Messe ministrierte, wurde dieser nach Landsberg am Lech verlegt, wo er als Gefangener Nr. 9469 Tüten kleben musste. Er bekam dort den demonstrativen Besuch Kardinal Faulhabers und wurde am 3. Mai wieder entlassen, durfte allerdings jetzt auch auf Geheiß des Kardinals nicht mehr predigen.

Bald warf ihm die Gestapo vor, er habe mit der Widerstandsgruppe »Monarchische Bewegung« konspiriert. Da er sich auf das Beichtgeheimnis berief, wurde er am 3. November 1939 »wegen Unbotmäßigkeit« ins Münchener Gestapogefängnis gesteckt. Kurz vor Weihnachten lieferte man dann den 65-jährigen, schwer kriegsversehrten Pater ins KZ Sachsenhausen-Oranienburg bei Berlin ein. Er schrieb damals: »Ich betrachte diese Abfahrt von München als einen Abschied auf Nimmerwiedersehen«. Da er im KZ mit seiner Prothese schwere gesundheitliche Probleme bekam, man aber einen in Bayern so populären Pater nicht zum Märtyrer werden lassen wollte, brachte man ihn am 7. August 1940 wieder ins Gestapogefängnis nach München und von dort ins Kloster Ettal, wo er unter strengem Hausarrest in Isolation gestellt wurde. Er bemerkte dazu: »Seitdem bin ich lebend ein Toter«. Beim Einmarsch der Amerikaner

Provinzial Augustin Rösch (links)

befreit, verkündete er am 11. Mai 1945 in St. Michael wieder das Wort Gottes und starb am 1. November 1945 während einer Predigt[267].

267 **Bleistein**, Rupert Mayer (wie Anm. 31), S. 285 – 345; **Gritschneder**, Ich predige weiter (wie Anm. 31), S. 157 – 201.

Pater Alfred Delp SJ

Ein bedeutendes Aktionszentrum des jesuitischen Widerstandes – immerhin waren 99 Jesuiten im KZ Dachau eingesperrt – befand sich in München am Sitz der Oberdeutschen Provinz, d. h. des Ordensoberen der ca. 300 Jesuiten in Süddeutschland und der Schweiz. Dort spielten vor allem der Provinzial Augustin Rösch[268] und die Patres Alfred Delp und Lothar König die zentrale Rolle. Rösch, ein hochdekorierter ehemaliger Frontoffizier, war nach dem Urteil des protestantischen Widerstandskämpfers Eugen Gerstenmaier »der

268 Vgl. Alfred **Wolfsteiner**, »Der stärkste Mann des Katholizismus in Deutschland«. Pater Augustin Rösch und sein Kampf gegen den Nationalsozialismus, Regensburg 2018.

stärkste Mann des Katholizismus in Deutschland«. Roman Bleistein betont mit Recht: »Es gab zwischen 1941 und 1944 keine kirchliche Aktivität im katholischen Widerstand, die nicht von ihm angeregt, beraten oder mitgetragen worden wäre«[269].

Die von den drei Patres gebildete »Zentrale des Widerstandes in München« war vor allem auf zwei Gleisen wirksam, die viele Querverbindungen aufwiesen: einem kirchlichen Gleis, dem »Ausschuß für Ordensangelegenheiten« und einem politischen, dem »Kreisauer Kreis«. Der »Ausschuß für Ordensangelegenheiten« versuchte nach der Beschlagnahmung von mehr als 200 Klöstern und Ordensniederlassungen durch die Gestapo, die katholischen Bischöfe auf einen härteren Konfrontationskurs gegen die Nationalsozialisten zu führen und kämpferischere Texte der deutschen Bischöfe, wie den Menschenrechtsbrief, die Protestdenkschrift vom 12. Dezember 1941 und den Dekalogsbrief anzuregen. Ferner organisierten sie eine Informationszentrale in München, die Nachrichten über Unterdrückungsmaßnahmen, Verhaftungen und Verfolgungen zusammenstellte und an den Beichtvater von Pius XII., Pater Leiber SJ, weiterleitete.

Gleichzeitig arbeiteten die drei Patres intensiv im »Kreisauer Kreis« mit. Dabei nahm besonders der junge Pater Delp großen Einfluss auf die Konzeption des Kreises für den Neuaufbau von Staat und Gesellschaft nach

269 Roman **Bleistein**, Die Jesuiten im Kreisauer Kreis. Ihre Bedeutung für den Gesamtwiderstand gegen den Nationalsozialismus (kleine rothe reihe, Bd. 4), Passau 1990, S. 6–9, Zitat S. 6.

einem Sturz Hitlers. Das Münchener Widerstandszentrum der Jesuiten unterhielt ferner enge Kontakte zu anderen Widerstandsgruppen, wie dem Sperr-Kreis in München, zur katholischen Arbeiterbewegung, zu regimekritischen Offizieren, den katholischen Bischöfen, dem Vatikan, dem »Wohlgemuth-Kreis« in Fulda und zum mutigen evangelischen württembergischen Landesbischof der bekennenden Kirche, Theophil Wurm. Bleistein spricht in diesem Zusammenhang von einem »Netzwerk des Widerstandes«, das in München »einen Knoten hatte, der alle Aktivitäten im süddeutschen Raum zusammenband«[270].

Wie lebensgefährlich damals solche Aktivitäten in einer totalitären Diktatur wie dem NS-Regime waren, zeigte sich nach dem misslungenen Attentat Stauffenbergs auf Hitler am 20. Juli 1944. Damals wurde Pater Delp nach Berlin gebracht, gefoltert und am 11. Januar 1945 zusammen mit den Widerständlern Moltke und Sperr zum Tode verurteilt und am 2. Februar zusammen mit den Widerstandsführern Goerdeler und Popitz gehängt. Am 11. Januar 1945 hatte er noch geschrieben: »Es sollen einmal andere besser und glücklicher leben, weil wir gestorben sind«.

Am 11. Januar 1945 wurde auch Pater Rösch, der sich in einem abgelegenen Bauernhof in Hofgiebing in Oberbayern versteckt hatte, von der Gestapo aufgestöbert und an den dortigen Dorfpfarrer Johann B. Neumaier (vom 11. Januar 1945 bis 15. Februar 1945 im Gestapogefängnis Moabit), der ihn nicht verraten hatte, angekettet, nach

270 **Ebd.**, S. 9–21, Zitat S. 21.

Berlin ins Gefängnis Lehrter Straße gebracht. Dort musste Rösch wochenlang Tag und Nacht gefesselt in Einzelhaft auf seine vorgesehene Hinrichtung warten, wurde jedoch kurz vor dem Einmarsch der Roten Armee am 25. April entlassen. Der Bauer Meier, der ihn versteckt hatte, kam mit seinen zwei Söhnen ins KZ Dachau und starb dort, seine Frau wurde ins Gestapogefängnis eingeliefert. Pater König, der sich wochenlang im vom Staub erfüllten Kohlenkeller des Berchmannkollegs versteckt hielt, starb am 5. Mai 1946 im Alter von 40 Jahren an Kehlkopfkrebs[271].

1940/41 wurden die resistenten Jesuitenpatres in München von der Gestapo »karteimäßig« registriert, »in der gleichen Art, wie die Juden erfaßt worden waren«[272]. Neben den oben erwähnten führenden Widerständlern des Jesuitenordens traf es auch die anderen in München wirkenden Mitglieder der Societas Jesu ganz besonders. Von den im Archiv des Erzbistums in Fragebogen berücksichtigten, in München (einschließlich Berchmannkolleg, Pullach) tätigen 23 Jesuiten, waren 20 (= 87 %) von Verfolgungsmaßnahmen des Regimes betroffen. Sie machten jedoch noch längst nicht alle aus, da z. B. Pater Delp schon hingerichtet, die Patres Mayer und König verstorben und zahlreiche andere hier nicht erfasst waren. In der Aufstellung von Hehls findet man 40 betroffene Jesuitenpatres, darunter Pater Franz

271 **Ebd.**, S. 21–26; siehe auch Roman **Bleistein**, Augustinus Rösch. Leben im Widerstand, Frankfurt a. M. 1998. · 272 P. Wilhelm **Flosdorf**, Die deutschen Jesuiten unter dem nationalsozialistischen Regime, in: Mitteilungen aus den Deutschen Provinzen der Gesellschaft Jesu, Nr. 110 (1946), S. 1–5, hier S. 3.

Pater Franz Xaver Spitzauer

Pater Franz Josef Mueller

Josef Mueller, der für den untergetauchten Provinzial Rösch vom 30.8.1944 bis 7.1.1945 in Gestapohaft und vom 7.1.1945 bis 23.3.1945 im KZ Dachau eingesperrt war und Pater Franz Xaver Spitzauer, der für den versteckten Pater König am 28.8.1944 von der Gestapo in Haft genommen und vom 9.1.1945 bis 28.3.1945 ins KZ Dachau kam[273].

Gemäß Schematismus für das Jahr 1935 wirkten damals 50 Jesuitenpatres in München[274], so dass mit 40 Betroffenen 80 % von ihnen mit dem Regime in Konflikt kamen. Pater Delp wurde hingerichtet, die Patres Rupert Mayer, Johann Baptist Wiedenmann, Franz Josef Mueller und Franz Xaver

273 Von **Hehl**, Priester (wie Anm. 24), S. 957, 982. • 274 **Schematismus** für das Jahr 1935 (wie Anm. 236), S. 113–115.

Spitzauer wurden ins KZ gesperrt, während die Patres Anton Koerbling, Berchthold Lang, Augustin Rösch schwere Haft erdulden mussten. Pater Wilhelm Kaesen entzog sich der Festnahme durch Flucht ins Exil[275].

Im Priesterblock im KZ Dachau waren 96 Jesuiten aus verschiedenen Ländern Europas inhaftiert (drei weitere außerhalb), von denen 31 umkamen. Die Jesuiten dort bildeten eine Gemeinschaft und wählten einen belgischen Pater zum Superior und den deutschen Pater Otto Pies zum Spiritual. Sie erhielten über die Gewürzplantage Lebensmittel, gebracht von Jesuiten[276].

Zusammenfassung

Walter Ziegler hat in einem Überblicksartikel mit viel Kompetenz die große Bandbreite des Widerstandes in Bayern und die »höchst vielgestaltige« Gegnerschaft gegen das NS-Regime analysiert[277]. In der hier vorliegenden Studie werden ein bisher vernachlässigter Teilaspekt, nämlich Gegnerschaft, Verfolgung und Widerstand des katholischen Milieus und der katholischen Kirche in München näher beleuchtet, zusammengestellt und dabei neue Akzente gesetzt.

275 Von **Hehl**, Priester (wie Anm. 24), S. 915, 941, 946, 950, 957, 971, 982, 992. · 276 Roman **Bleistein**, Die Jesuiten in der Erzdiözese München und Freising, in: **Schwaiger,** Das Erzbistum (wie Anm. 193) II, S. 489–511. 277 Walter **Ziegler**, Widerstand in Bayern – Ein Überblick, in: **Rumschöttel/Ziegler**, Franz Sperr (wie Anm. 32), S. 7–24, hier bes. S. 8, 9.

In starkem Maße ist dabei auch die von Ziegler geforderte Beschäftigung mit der Zeit vor der Machtergreifung thematisiert[278]. Hier wird nämlich von der Forschung und den Medien die katholische Gegnerschaft gegen die NSDAP vielfach zu wenig berücksichtigt, obwohl gerade damals Hitler noch wirksam zu verhindern gewesen wäre. Er wäre auch nie an die Macht gekommen, wenn die Deutschen so wie die kirchentreuen Katholiken in Bayern und München gewählt hätten.

Deshalb würdigt das vorliegende Buch besonders die Politik und Anti-NS-Haltung der betont katholischen Minister wie Franz Matt, Franz Xaver Schweyer, Karl Stützel, Hans Schmelzle, Heinrich Held u. a., die alle Mitglieder katholischer Verbindungen waren und als einflussreicher Teil des katholischen Milieus und als Mitglieder der regierenden BVP, eng verbunden mit der Geistlichkeit, vor der Machtergreifung eine wichtige Rolle bei der Bekämpfung des Nationalsozialismus gespielt haben. Sie wurden allerdings oft vom deutschnationalen Koalitionspartner ausgebremst, der seine Schlüsselstellung als Mehrheitsbeschaffer ausnützte. Der besonders seit 1924 verstärkte Kampf der katholischen BVP und ihrer Minister wird u. a. von den französischen Diplomaten der Münchener Gesandtschaft besonders betont.

Die klar antinationalsozialistische Haltung der katholischen Kirche, der vielfältigen katholischen Presse und des von der Mystikerin Therese Neumann von Konnersreuth

278 **Ziegler**, Bayern im NS-Staat (wie Anm. 32), S. 10, 11.

beeinflussten »Der gerade Weg« des wortgewaltigen Konvertiten Fritz Gerlich und die Politik der betont katholischen, oft in einer entsprechenden Korporation des CV oder KV assoziierten Minister und BVP-Abgeordneten führten auch dazu, dass die Nationalsozialisten in Bayern nie die Mehrheit erhielten, dass man mehrmals versuchte, Hitler auszuweisen und dass der bayerische Innenminister Stützel Hitler permanent die deutsche Staatsbürgerschaft verweigerte, bis der Freistaat Braunschweig hier einsprang, um diesem die Wahl zum Reichskanzler zu ermöglichen.

Diese Konstellation in Bayern und München bewirkte, dass sich Bayern auch nach der Ernennung Hitlers zum Reichskanzler am 30. Januar 1933 am längsten demokratisch hielt und dass die Machtergreifung am 9./10. März 1933 in München besonders dramatisch, gewalttätig und gegen den erbitterten Widerstand und Protest der bayerischen Regierung erfolgte, und zwar durch Ernennung eines Reichskommissars von oben und revolutionäre, gewalttätige Aktionen der SA von unten. Damals wurden neben anderen auch nicht wenige katholische Kämpfer gegen den Nationalsozialismus in München schwer misshandelt und bald verhaftet.

München, 1935 von Hitler zur »Hauptstadt der Bewegung« ernannt, blieb ab 1933, so wie vorher, ebenfalls eine »Stadt der Gegenbewegung«, die u. a. auch vom katholischen Milieu repräsentiert wurde, das eng mit den Monarchisten verflochten war, und von den verschiedensten Stellen der katholischen Kirche getragen wurde. Dabei ist, wie Otto Altendorfer gut aufzeigt, die Vernetzung der verschiedenen Gruppierungen des katholischen Milieus ausgeprägt. Es waren auffallend viele Mitglieder des CV und KV am Widerstand beteiligt. Wichtige kirchliche Widerstandszentren bildeten Pater Rupert Mayer SJ und seine vielen Anhänger (auch den meist Ende 1936 aufgelösten und 1938 verbotenen katholischen Verbindungen), das Provinzialat der Jesuiten in München mit den Patres Rösch, Delp und König, die engen Kontakt zum Kreisauer Kreis und vielen anderen Widerstandszentren pflegten, das Ordinariat in München mit dem Domkapitular Johann Zinkl und seiner »Arbeitsgemeinschaft zur Verteidigung der Klöster in Bayern«, sowie dem Domkapitular Johannes Neuhäusler, der systematisch versuchte, in enger Verbindung mit dem Vatikan Maßnahmen des Regimes gegen die Kirche publik zu machen und zu bekämpfen.

Ebenso versuchte die Münchener Kirchenzeitung und an ihrer Spitze Pfarrer Michael Höck, versteckt, soweit möglich passiven Widerstand zu leisten, ebenso wie Pfarrer Muhler und sehr viele andere katholische Geistliche (58,4 % stießen mit dem Regime zusammen). Alle diese Widerstandskreise oder -personen waren meist vernetzt und pflegten unter Lebensgefahr Kontakte mit dem militärischen Widerstand. Der Münchener Kardinal Faulhaber war einerseits Opfer vieler NS-Repressionsmaßnahmen und vielfach in den kirchlichen Widerstand eingebunden, zeigte sich aber auch loyal gegenüber der Staatsautorität, sodass er heute teilweise als schillernd und nicht eindeutig antinationalsozialistisch wahrgenommen wird.

Alle strikten Gegner des Nationalsozialismus vor der Machtergreifung, wie auch die Mitglieder von Widerstandskreisen nachher waren im Dritten Reich stark gefährdet. Viele wurden in dieser totalitären Diktatur schwer misshandelt, wie die ehemaligen Innenminister Schweyer und Stützel, der BVP-Abgeordnete Schlögl, oder ermordet wie der mutige, engagiert katholische Journalist Fritz Gerlich, in »Schutzhaft« im Gestapogefängnis oder im KZ eingesperrt, wie die BVP-Abgeordneten Stang, Hundhammer, Schäffer, Müller, der ehemalige Münchener Oberbürgermeister Scharnagl, der Domkapitular Neuhäusler, der Kirchenzeitungschef Michael Höck, die Stadtpfarrer Muhler und Meisel, der Jesuitenprovinzial Rösch (Berlin Plötzensee), Pater Rupert Mayer (Sachsenhausen-Oranienburg) oder hingerichtet wie Pater Alfred Delp SJ und Kaplan Dr. Wehrle bzw. die Widerständler Freiherr von Leonrod, der Wehrle um einen Beichtrat gebeten hatte, Franz Sperr u. a. oder der Monarchist Josef Zott. Nicht zu vergessen ist auch, dass keine deutsche Dynastie so wie das antinationalsozialistisch eingestellte Haus Wittelsbach verfolgt wurde. Immerhin schickten die Nazis zwölf Wittelsbacher, bis hin zum sechsjährigen Prinzen Max Emanuel, ins KZ[279].

All der hier kurz und teilweise nur beispielhaft geschilderte katholische Kampf und Widerstand gegen die Nationalsozialisten sowie die vielfältige Verfolgung durch das NS-Regime machten München ohne Zweifel zu einer Hauptstadt der Gegenbewegung, die von vielen Katholiken neben anderen Kreisen (Arbeiterbewegung, SPD, Weiße Rose u. a.) getragen wurde. Zur Art des katholischen Widerstands, der von

279 Vgl. **Weiß**, Kronprinz Rupprecht (wie Anm. 115), S. 314–316; Albert **Scharf**, Herzog Albrecht von Bayern 1905–1996, in: Wittelsbacher Studien. Festgabe für Herzog Franz, hg. v. Alois **Schmid** und Hermann **Rumschöttel**, München 2013, S. 973–986, bes. S. 974–980.

manchen aus heutiger Sicht nicht richtig eingeordnet und verstanden wird, resümiert sehr gut Walter Ziegler: »Für ein Fazit des Kampfes um die katholische Kirche ist zuerst festzuhalten, daß dies kein politischer Kampf war und deshalb nicht auf die Beseitigung des Regimes zielte; auch gilt der Einsatz gemäß dem damaligen Verständnis nur der eigenen Kirche, nicht allgemein der Gesellschaft (was als politischer Katholizismus verurteilt worden wäre.) Dagegen verteidigte die Kirche gegenüber dem totalitären Anspruch des Regimes ihren Freiraum vehement und mit großen Opfern«[280].

Es bleibt das historische Faktum, dass die katholische Kirche bis zur dramatischen, gewalttätigen Machtergreifung der Nationalsozialisten ohne parlamentarische Mehrheit in Bayern diese strikt und konsequent bekämpfte. Dies gilt für Kardinal Faulhaber und fast alle seine Priester, die Ordensangehörigen, das katholische Milieu, angefangen von den katholischen Verbindungen bis zu den Müttervereinen und Kolpingbrüdern. Die Kirche, etwa der Kardinal, die Presseorgane, etwa »Der gerade Weg« Gerlichs oder die »Seele« des Priesters Wurm, oder Politiker, wie Innenminister Schweyer, verurteilten vehement den Rassismus und Antisemitismus der NSDAP. Dementsprechend wählte das gut katholische Kirchenvolk BVP und nicht NSDAP, so dass Hitler und seine Bewegung nie an die Macht gekommen wären, wenn die Deutschen wie diese Minderheit gewählt hätten. Das große Unglück wäre der Welt erspart worden.

280 **Ziegler**, Bayern im NS-Staat (wie Anm. 32), S. 586.

Anhang

Quellen- und Literaturverzeichnis

QUELLEN

- Dieter **Albrecht** (Hg), Der Notenwechsel zwischen dem Heiligen Stuhl und der deutschen Reichsregierung, Bd. 1, Mainz 1965.
- **Archiv des Erzbistums München und Freising (abgekürzt AEM)**,
- Personendokumentation (abgekürzt PD), u.a. 1434, 2026, 2437, 2461, 3177, 4359,
- Ordinariat, Fragebogen vom 1.7.1946. Fragebogen A. Nationalsozialistische Verfolgung katholischer Geistlicher.
- **Archives du Ministère des Affaires Étrangères (abgekürzt A.E.)**, Europe 1918-1929, All[emagne] doss[ier] 358, 359, 360, 361.
- **Bayerisches Hauptstaatsarchiv [Bay. HstA]** MA 103476/3
- Alois **Birner**, Augenzeugenbericht 1983, SZ (Süddeutsche Zeitung) 23.6.1983.
- **»Der Gerade Weg«**, Nr. 29, München, den 17. Juli 1932.
- **GV (Gesamtverzeichnis) des CV** (Cartellverband deutscher katholischer Studentenverbindungen) 1931.
- Wilhelm **Hoegner**, Der schwierige Außenseiter. Erinnerungen eines Abgeordneten, Emigranten und Ministerpräsidenten, München 1959.
- Wilhelm **Hoegner**, Die verratene Republik. Geschichte der deutschen Gegenrevolution, München 1958.
- **Kardinal Michael von Faulhaber** 1869–1952. Ausstellungskatalog, München 2002; dort verschiedene Quellen abgedruckt.
- **KV-Jb [Kartellverband katholischer Studentenvereine-Jahrbuch]** von 1931.
- **Privatarchiv Dr. Bracker**, Aufzeichnungen von Elsa Schäffer.
- **Schematismus der Geistlichkeit des Erzbistums München und Freising** (München 1935, 1938, 1939).

– Karl **Schwend**, Bayern zwischen Monarchie und Diktatur. Beiträge zur bayerischen Frage in der Zeit von 1918 bis 1933, München 1954.
– Franz **Schweyer**, Politische Geheimverbände. Blicke in die Vergangenheit und Gegenwart, Freiburg i.Br. 1925.
– **Stadtarchiv Landshut**, Nachlass Dr. Jehle.
– Ludwig **Volk**, Akten Kardinal Michael von Faulhabers 1917–1945, (Veröffentlichungen der Kommission für Zeitgeschichte, Reihe A: Quellen, Bd. 17), Mainz 1975.
– **Zeitschrift des Bayerischen Statistischen Landesamtes**, Bd. 64 (1932), 65 (1933).
– Walter **Ziegler**, Die kirchliche Lage in Bayern nach den Regierungspräsidentenberichten 1933-1943, hg. v. der Kommission für Zeitgeschichte, 7 Bde., Bd. 4, Mainz 1966.

LITERATUR (Auswahl)

Albrecht, Dieter (Hg.), Der Notenwechsel zwischen dem Heiligen Stuhl und der deutschen Reichsregierung, 3 Bde., Mainz 1965/80, Bd. 1.

Albrecht, Dieter, Von der Reichsgründung bis zum Ende des Ersten Weltkrieges (1871–1918), in: Spindler, Max/Schmid, Alois (Hg.), Handbuch der bayerischen Geschichte, Bd. IV 1, München ^{2}2003, S. 318–438.

Altendorfer, Otto, Fritz Schäffer als Politiker der Bayerischen Volkspartei 1888–1945. (Untersuchungen und Quellen zur Zeitgeschichte, Bd. 2), München 1993.

Ay, Karl Ludwig (Hg.), Appelle einer Revolution; Dokumente aus

Bayern zum Jahr 1918/19: das Ende der Monarchie; das revolutionäre Interregnum; die Rätezeit, München 1968.
175 Jahre Barmherzige Schwestern in Bayern 1832 bis 2007, München 2007.
Barnikel, Maria Therese, Die Armen Schulschwestern von Unserer Lieben Frau, in: Schwaiger, Georg (Hg.), Das Erzbistum München und Freising in der nationalsozialistischen Herrschaft, 2 Bde., München 1984, Bd. 2, S. 590 – 611.
Bauer, Reinhard/Piper, Ernst, München, Die Geschichte einer Stadt, München, Zürich 2008.
Bauer, Richard u. a. (Hg.), München – »Hauptstadt der Bewegung«. Bayerns Metropole und der Nationalsozialismus, München 1993.
Bauer, Theresia, Schlögl, Alois, in: Neue Deutsche Biographie (NDB), Bd. 23, Berlin 2007, S. 96,97.
Becker, Rainald, Bayerische Diplomaten im Lateinamerika der Nachkriegszeit. Karl Graf Spreti und Gebhard Seelos, in: Hartmann, Peter Claus und Schmid, Alois (Hg.), Bayern in Lateinamerika. Transatlantische Verbindungen und interkultureller Austausch. (ZBLG, Beiheft 40), München 2011, S. 281 – 315.
Becker, Winfried, Franz Sperr und sein Widerstandskreis, in: Rumschöttel, Hermann/Ziegler, Walter (Hg.), Franz Sperr und der Widerstand gegen den Nationalsozialismus in Bayern. (ZBLG, Beiheft 20), München 2001, S. 83 – 172.
Becker, Winfried, Politischer Katholizismus und Widerstand, in: Steinbach, Peter und Tuchel, Johannes (Hg.), Widerstand gegen den Nationalsozialismus, Berlin 1994, S. 235 – 245.
Beringer, Bettina, 50 Jahre Schnell & Steiner. Eine Verlagsdokumentation. Der Verlag Schnell & Steiner – Ein Beitrag zur publizistischen Selbstbehauptung, München – Zürich 1983.
Bleistein, Roman, Abt Alban Schachleiter OSB. Zwischen Kirchentreue und Hitlerkult, in: HJb 115 (1995), S. 170 – 187.
Bleistein, Roman, Die Jesuiten im Kreisauer Kreis. Ihre Bedeutung für den Gesamtwiderstand gegen den Nationalsozialismus (kleine rothe reihe, Bd. 4), Passau 1990.
Bleistein, Roman, Die Jesuiten in der Erzdiözese München und Freising, in: Schwaiger (Hg.), Das Erzbistum München und Freising in der nationalsozialistischen Herrschaft, München 1984, Bd. 2, S. 489 – 511.
Bleistein, Roman, Rupert Mayer. Der verstummte Prophet, Frankfurt a. M. 1993.
Bleistein, Roman, Augustinus Rösch. Leben im Widerstand, Frankfurt a. M. 1998.

Böhm, Helmut, Von der Selbstverwaltung zum Führerprinzip. Die Universität München in den ersten Jahren des Dritten Reiches (1933–1936). (Münchener Universitätsschrift Ludovico Maximilianea Forschungen, Bd. 15), Berlin 1995.
Bosl, Karl (Hg.), Bayern im Umbruch. Die Revolution von 1918, ihre Voraussetzungen, ihr Verlauf und ihre Folgen, München, Wien 1969.
Bracher, Karl Dietrich, Stufen der Machtergreifung. (Bracher/Schulz/Sauer, Die nationalsozialistische Machtergreifung, Bd. I), Frankfurt am Main 1962.
Braun, Oliver, Alois Hundhammer (1900-1974): Minister und Landtagspräsident in Bayern, in: Günter Buchstab u. a. (Hg.), Christliche Demokraten gegen Hitler, Freiburg u. a. 2004, S. 304–312.
Braun, Oliver, Alois Hundhammer. Konservative Existenz in der Moderne. Das politische Weltbild Alois Hundhammers (1900–1974). (Untersuchungen und Quellen zur Zeitgeschichte, Bd. 7), München 2006.
Braun, Oliver, Ein biographisches Projekt als methodischer Hürdenlauf (Person und politisches Weltbild des CSU-Politikers Alois Hundhammer (1900–1974)), in: Geschichte und Region 2002.
Brechenmacher, Thomas/Oelke, Harry, Kirchen, Konfessionen und ›Drittes Reich‹, in: Nerdinger, Winfried (Hg.), München und der Nationalsozialismus. Katalog des NS-Dokumentationszentrums München, München 2015, S. 497–507.
Bretschneider, Heike, Der Widerstand gegen den Nationalsozialismus in München 1933-1945. (MBM, H.4), München 1968.
Broszat, Martin, Resistenz und Widerstand. Eine Zwischenbilanz des Forschungsprojekts, in: Martin Broszat u. a. (Hg.), Bayern in der NS-Zeit, Bd. 4, München und Wien 1981, S. 691–709.
Cahnmann, Werner J., Die Juden in München 1918–1943, in: Hans Lamm (Hg.), Vergangene Tage. Jüdische Kultur in München, München u. a. 1982, S. 31–78.
CV-Handbuch, Regensburg 2000.
Denzler, Georg, Widerstand oder Anpassung? Katholische Kirche und Drittes Reich, München 1984.
Diem, Veronika, Die Freiheitsaktion Bayern. Ein Aufstand in der Endphase des NS-Regimes. (Münchener Historische Studien, Abteilung bayerische Geschichte, Bd. 19), Kallmünz/Oberpfalz 2013.
Domröse, Ortwin, Der NS-Staat in Bayern von der Machtergreifung bis zum Röhm-Putsch. (MBM, H. 47), München 1974.
Düren, Peter Christoph, Minister und Märtyrer. Der bayerische Innenminister Franz Xaver Schweyer (1868–1935), Augsburg 2015.

Egner, Heinrich, »Aus dem Leben eines Vielbeneideten«: Peter Zimmermann, Kurzgeschichten des »Geistlichen Riesen« Peter Zimmermann (1891–1936). (Straubinger Hefte 62), Straubing 2012, S. 7–44.

Egner, Heinrich, Seine Kommentare machten ihn der NSDAP verhasst. Die Artikel des Benefiziaten Peter Zimmermann aus Furth bei Landshut 1932/33 im »Kurier für Niederbayern«, in: Verhandlungen des Historischen Vereins für Niederbayern 139 (2013), S. 5 – 32.

Faust, Anselm, Der Nationalsozialistische Deutsche Studentenbund. Studenten und Nationalsozialismus in der Weimarer Republik, Düsseldorf 1973, Bd. I.

Flosdorf, Pater Wilhelm, Die deutschen Jesuiten unter dem nationalsozialistischen Regime, in: Mitteilungen aus den Deutschen Provinzen der Gesellschaft Jesu, Nr. 110 (1946), S. 1–5.

Forstner, Thomas, Priester in Zeiten des Umbruchs. Identität und Lebenswelt des katholischen Pfarrklerus in Oberbayern 1918 bis 1945, Göttingen 2014.

Frei, Friedrich, Nationalsozialistische Verfolgungen katholischer Geistlicher im Erzbistum München und Freising (Fragebogen 1946 und 1980), in: Schwaiger, Georg (Hg.), Das Erzbistum München und Freising in der Zeit der nationalsozialistischen Herrschaft, Bd. 1, München 1984, S. 402 – 488.

Fürst, Thomas, Karl Stützel. Ein Lebensweg in Umbrüchen: Vom Königlichen Beamten zum Bayerischen Innenminister der Weimarer Republik (1924 – 1933). (Mainzer Studien zur Neueren Geschichte, Bd. 19), Frankfurt a. M. 2007.

Gagern, Elisabeth von, Die Englischen Fräulein, in: Schwaiger, Georg (Hg.), Das Erzbistum München und Freising in der Zeit der nationalsozialistischen Herrschaft, München 1984, Bd. 2, S. 566 – 589.

Goldhagen, Daniel Jonah, Die katholische Kirche und der Holocaust, Darmstadt 2002.

Gordon jr., Harald J., Hitlerputsch 1923. Machtkampf in Bayern 1923 – 1924, Frankfurt a. M. 1971.

Gotto, Klaus/Hockerts, Hans Günter/Repgen, Konrad, Nationalsozialistische Herausforderung und kirchliche Antwort. Eine Bilanz, in: Gotto, Klaus/Repgen, Konrad (Hg.), Katholiken und das Dritte Reich, Mainz [3]1990, S. 173 – 190.

Grau, Bernhard, Kurt Eisner: 1867 – 1919: Eine Biographie, München 2001, neueste Aufl. 2017.

Gritschneder, Otto, Ich predige weiter. Pater Rupert Mayer und das Dritte Reich. Eine Dokumentation, Rosenheim [2]1987.

Hanke, Peter, Zur Geschichte der Juden in München zwischen 1933 und 1945. (MBM, H. 3), München 1967.

Hartmann, Peter Claus, Bayerns Weg in die Gegenwart. Vom Stammesherzogtum zum Freistaat heute, Regensburg ³2012.

Hartmann, Peter Claus, Das Bistum Passau im 19. und 20. Jahrhundert, in: Ostbaierische Grenzmarken (OG) 31 (1989), S. 155–167.

Hartmann, Peter Claus, Der Hitlerputsch (1923) im Urteil der französischen Gesandtschafts- und Botschaftsberichte, in: Francia 5 (1977), S. 453–472.

Hartmann, Peter Claus, Der katholische Kampf und Widerstand gegen den Nationalsozialismus in München (1922–1945), in: ZBLG 80 (2017), S. 245–290.

Hartmann, Peter Claus, Die bayerischen Innenminister Franz Schweyer und Karl Stützel und ihre Auseinandersetzungen mit dem Nationalsozialismus, in: Stickler, Matthias (Hg.), Portraits zur Geschichte des deutschen Widerstandes. (Historische Studien der Universität Würzburg, Band 6), Rahden/Westfalen 2005, S. 41–55.

Hartmann, Peter Claus, Die Gleichschaltung in Bayern 1933 unter besonderer Berücksichtigung von Passau, in: Ostbaierische Grenzmarken (OG) 29 (1987), S. 172–184.

Hartmann, Peter Claus, Hinrichtungen katholischer Geistlicher deutscher Diözesen im Dritten Reich, in: Egler, Anna/Rees, Wilhelm (Hg.), Dienst an Glaube und Recht. Festschrift für Georg May zum 80. Geburtstag. (Kanonistische Studien und Texte, Bd. 52), Berlin 2006, S. 19–29.

Hartmann, Peter Claus, Münchens Weg in die Gegenwart. Von Heinrich dem Löwen zur Weltstadt, Regensburg 2008.

Hecker, Hans-Joachim, Kardinal Faulhaber und seine Stellung im Wandel der politischen Verhältnisse, in: Kardinal Michael von Faulhaber 1869–1952, Ausstellungskatalog, München 2002, S. 19–37.

Hehl, Ulrich von (Bearb.), Priester unter Hitlers Terror. Eine biographische und statistische Erhebung. (Veröffentlichungen der Kommission für Zeitgeschichte, Reihe A: Quellen, 37), 2 Bde., Mainz ³1996; für das Erzbistum München und Freising Bd. I.

Hettler, Friedrich Hermann, Josef Müller (»Ochsensepp«). Mann des Widerstandes und erster CSU-Vorsitzender. (MBM, H. 155), München 1991.

Hetzer, Gerhard, Archivalische Quellen zu Franz Sperr, in: Rumschöttel, Hermann/Ziegler, Walter (Hg.), Franz Sperr und der Widerstand gegen den Nationalsozialismus in Bayern. (ZBLG, Beiheft 20), München 2001, S. 175–221, bes. Dokumentenanhang S. 186ff.

Hockerts, Hans Günter, Warum München? Wie Bayerns Metropole die ›Hauptstadt der Bewegung‹ wurde, in: Nerdinger, Winfried (Hg.),

München und der Nationalsozialismus. Katalog des NS-Dokumentationszentrums München, München 2015, S. 387–397.
Hürten, Heinz, Revolution und Zeit der Weimarer Republik, in: Spindler, Max/Schmid, Alois (Hg.), Handbuch der bayerischen Geschichte, Band IV 1, München [2]2003, S. 439–498.
Hürten, Heinz, Widerstand und Zeugnis: Ein Nachwort, in: Gotto, Klaus/Repgen, Konrad (Hg.), Katholiken und das Dritte Reich, Mainz [3]1990, S. 191–206.
Hussanek, Paul, Hundhammer. Weg des Menschen und Staatsmanns, München o. J. [1950].
Kardinal Michael von Faulhaber 1869–1952. Ausstellungskatalog, München 2002.
K.D.St.V. Aenania, 150 Jahre K.D.St.V. Aenania, München 2001.
Keil, Norbert, Priester und Ordensleute vor dem Sondergericht München, in: Schwaiger, Georg (Hg.), Das Erzbistum München und Freising in der Zeit der nationalsozialistischen Herrschaft, München 1984, Bd. 1, S. 489–580.
Kimmel, Günther, Das Konzentrationslager Dachau. Eine Studie zu den nationalsozialistischen Gewaltverbrechen, in: Broszat, Martin/Fröhlich, Elke (Hg.), Bayern in der NS-Zeit, Bd. 2, München und Wien 1979, S. 349–413.
Kirchinger, Johann, Michael Horlacher. Ein Agrarfunktionär in der Weimarer Republik. (Beitrag zur Geschichte des Parlamentarismus und der politischen Parteien, Bd. 159), Düsseldorf 2011.
Kleinöder, Evi, Verfolgung und Widerstand der Katholischen Jugendvereine. Eine Fallstudie über Eichstätt, in: Broszat, Martin/Fröhlich, Elke/Wiesemann, Falk (Hg.), Bayern in der NS-Zeit, Bd. 2, München 1979, S. 175–236.
Köglmeier, Georg, Die zentralen Rätegremien in Bayern 1918/19. Legitimation – Organisation – Funktion. (Schriften zur Bayerischen Landesgeschichte, Bd. 135), München 2001.
Kraus, Andreas, Geschichte Bayerns. Von den Anfängen bis zur Gegenwart, München [3]2004.
Kretzinger, Ulrich, Geistliche aus der Diözese Passau in Terror und Verfolgung 1933–1945, in: Ostbaierische Grenzmarken (OG) 27 (1985), S. 197–212.
Large, David Clay, Hitlers München. Aufstieg und Fall der Hauptstadt der Bewegung, München 1998.
Lill, Rudolf (Hg.), Hochverrat? Die »Weiße Rose« und ihr Umfeld, Portraits des Widerstands, Bd. 1, Konstanz 1999.
Mack, Josefa Maria Imma, Warum ich Azaleen liebe. Erinnerungen an meine Fahrten zur Plantage des KZ Dachau vom Mai 1944 – April 1945, St. Ottilien 1988.

May, Georg, Kirchenkampf oder Katholikenverfolgung? Ein Beitrag zu dem gegenseitigen Verhältnis von Nationalsozialismus und christlichen Bekenntnissen, Stein am Rhein 1991.

Mehringer, Hartmut, Die bayerische Sozialdemokratie bis zum Ende des NS-Regimes. Vorgeschichte, Verfolgung, Widerstand, in: Mehringer, Hartmut u. a., Bayern in der NS-Zeit, hg. von Broszat, Martin, Band 5, Die Parteien KPD, SPD, BVP in Verfolgung und Widerstand, München 1983, S. 287–432.

Menges, Franz, Hans Schmelzle, Bayerischer Staatsrat im Ministerium des Äußeren und Finanzminister. Eine politische Biographie mit Quellenanhang (ZBLG, Beiheft 1, Reihe B), München 1972.

Milatz, Alfred, Wähler und Wahlen in der Weimarer Republik. (Schriftenreihe der Bundeszentrale für politische Bildung, Heft 66), Bonn ²1968, Karte 2 und Karte 13.

Mittler, Dietrich, Johannes Neuhäusler, in: Arbeitsgemeinschaft zur Erforschung der Dachauer Zeitgeschichte (ohne Ort und Datum).

Moll, Helmut (Hg.), Zeugen für Christus. Das deutsche Martyrologium des 20. Jahrhunderts, Paderborn u. a. 1999.

Morschhäuser, Franz J., Hermann Joseph Wehrle (1899–1944). Glaube in bedrängter Zeit, St. Ottilien 2000.

Morsey, Rudolf, Fritz Gerlich. Ein früher Gegner Hitlers und des Nationalsozialismus, Paderborn 2016.

München und der Nationalsozialismus. Katalog des NS-Dokumentationszentrums München, hg. v. Nerdinger, Winfried, München 2015.

Naab, Erich, Naab, Ingbert, in: Biographisch-Bibliographisches Kirchenlexikon, Bd. 6, 1993, Sp. 421–422.

Nesner, Hans-Jörg, Das Metropolitankapitel in München (seit 1821), in: Schwaiger, Georg (Hg.), Monachium Sacrum, München 1994, S. 479–636.

Neuhäusler, Johannes, Kreuz und Hakenkreuz. Der Kampf des Nationalsozialismus gegen die katholische Kirche und den kirchlichen Widerstand, München 1946.

Neuhäusler, Johannes, Saat des Bösen. Kirchenkampf im Dritten Reich, München 1964.

Neuhäusler, Johannes, Zeugen der Wahrheit, Kämpfer des Rechts gegen den Nationalsozialismus, München 1947.

Pörnbacher, Johann, Muhler, Emil, in: NDB, Bd. 18, Berlin 1997, S. 572.

Putzger, Historischer Weltatlas, hg. von Bruckmüller, Ernst und Hartmann, Peter Claus, 103. Auflage, Berlin 2001.

Rösch, Matthias, Die Münchener NSDAP 1925–1933: eine Untersuchung zur inneren Struktur der NSDAP in der Weimarer Republik. (Studien zur Zeitgeschichte, Bd. 63), München 2002.

Schade, Franz, Kurt Eisner und die bayerische Sozialdemokratie, Hannover 1961.
Scharf, Albert, Herzog Albrecht von Bayern 1905–1996, in: Wittelsbacher Studien. Festgabe für Herzog Franz, hg. v. Schmid, Alois und Rumschöttel, Hermann, München 2013, S. 973–986.
Schmidt, Lydia, Kultusminister Matt (1920–1926). (Schriftenreihe zur bayerischen Landesgeschichte, Bd. 126), München 2000.
Scholder, Klaus, Die Kirchen und das Dritte Reich, Bd. I: Vorgeschichte und Zeit der Illusionen 1918–1934, Frankfurt a. M. 1977.
Schwaiger, Georg (Hg.), Mönchtum, Orden, Klöster. Ein Lexikon, München 1993 [1998].
Schwarz, Albert, Die Zeit von 1918–1933, in: Spindler, Max, Handbuch der bayerischen Geschichte, Bd. IV, 1. Aufl., München 1974, S. 435–453.
Schwend, Karl, Die Bayerische Volkspartei, in: Matthias, Erich und Morsey, Rudolf (Hg.), Das Ende der Parteien, Düsseldorf 1960.
Seewald, Peter, Letzte Gespräche mit Benedikt XVI., München 2016.
Stitz, Peter, Der CV 1919–1938. Der hochschulpolitische Weg des Cartellverbandes der katholischen deutschen Studentenverbindungen vom Ende des 1. Weltkrieges bis zur Vernichtung durch den Nationalsozialismus. (Der Weiße Turm, Bd. 4), München 1970.
Stolberg-Werningerode, Otto Graf zu, Aretin, Erwein, Freiherr von, in: NDB, Bd. 1, Berlin 1953, S. 346f.
Thamer, Hans-Ulrich, Verführung und Gewalt. Deutschland 1933–1945. (Die Deutschen und ihre Nation, Bd. IV), Berlin 1986.
Volk, Ludwig, Bayern im NS-Staat 1933 bis 1945, in: Spindler, Max (Hg.), Handbuch der Bayerischen Geschichte, Bd. IV, München 1979, S. 518–537.
Weiß, Dieter J., Kronprinz Rupprecht von Bayern (1869–1955). Eine politische Biographie, Regensburg 2007.
Weiß, Wolfgang, Georg Stang (1880–1951). Altphilologe und Politiker, in: Eikasmós 4 (1993), S. 345–350.
Widerstand und Verfolgung im CV, München 1983.
Wiesemann, Falk, Die Vorgeschichte der nationalsozialistischen Machtübernahme in Bayern 1932/33. (Beiträge zu einer historischen Strukturanalyse Bayerns im Industriezeitalter, Bd. 12), Berlin 1975.
Witetschek, Helmut, Pater Ingbert Naab. Ein Prophet wider den Zeitgeist, Regensburg 1985.
Witetschek, Helmut, Naab, Ingbert, in: NDB, Bd. 18, 1997, S. 677f.
Wittmann, Reinhard, Der Gerade Weg. Katholische Verlage in der Zeit des Nationalsozialismus, in: 75 Jahre Verlag Schnell & Steiner, Regensburg 2011, S. 29–40.

Wolfsteiner, Alfred, »Der stärkste Mann des Katholizismus in Deutschland«. Pater Augustin Rösch und sein Kampf gegen den Nationalsozialismus, Regensburg 2018.
Zarusky, Jürgen, Walter Klingenbeck (1924–1943), in: Zur debatte. Themen der Katholischen Akademie in Bayern 1/2018, S. 28–30.
Ziegler, Walter, Bayern im NS-Staat. 1933 bis 1945, in: Spindler, Max/Schmid, Alois (Hg.), Handbuch der bayerischen Geschichte, Bd. IV 1, München ²2003, S. 499–634.
Ziegler, Walter, Die kirchliche Lage in Bayern nach den Regierungspräsidentenberichten 1933–1943, hg. v. der Kommission für Zeitgeschichte, 7 Bde., Bd. 4, Mainz 1966.
Ziegler, Walter, Kardinal Faulhaber im Meinungsstreit. Vorwürfe, Kritik, Verehrung, Bewunderung, in: Kardinal Michael von Faulhaber 1869–1952, Ausstellungskatalog, München 2002, S. 64–93.
Ziegler, Walter, Widerstand in Bayern … ein Überblick, in: Rumschöttel, Hermann und Ziegler, Walter (Hg.), Franz Sperr und der Widerstand gegen den Nationalsozialismus in Bayern (ZBLG Beiheft 20), München 2001, S. 7–24.
Zorn, Wolfgang, Bayerns Geschichte im 20. Jahrhundert. Von der Monarchie zum Bundesland, München 1986.

Bildnachweis

Archiv Erzbistum München und Freising (AEM): 67, 113a, 115, 121, 122, 126, 127, 130, 132, 134ab, 135, 137, 142, 144, 150;
Archiv für Christlich-Demokratische Politik (ACDP): 102b (CC BY-SA 3.0 de);
Archiv der Deutschen Provinz der Jesuiten: 156, 157, 160, 161;
Archiv Hanns Seidel Stiftung, München: 95, 101a, 102a;
Archiv der K.B.St.V. Rhaetia: 113b;
Archiv Schnell & Steiner: 70, 108, 109;
Bayrisches Hauptstaatsarchiv München: 24, 32, 49, 56, 58, 63, 86, 87; Bildarchiv Bayrischer Landtag: 101b, 102a; Gemälde im Aenanenhaus: 48, 153;
Sammlung Düren: 46, 50

Personenregister